Petra Hillebrand

Zu Betlehem in jener Nacht

Krippenspiele und Kindertheater für die Advents- und Weihnachtszeit

Tyrolia-Verlag · Innsbruck-Wien

Mitglied der Verlagsgruppe „engagement“

Bibliografische Information Der Deutschen Bibliothek
Die Deutsche Bibliothek verzeichnet diese Publikation in der Deutschen Nationalbibliografie; detaillierte bibliografische Daten sind im Internet über <http://dnb.ddb.de> abrufbar.

2004

Titelbild: Nina Hammerle, Innsbruck
Innenillustrationen: Andrea Wehs, Innsbruck
Layout: Tyrolia-Verlag, Innsbruck
Druck und Bindung: Alcione, Trento
ISBN: 3-7022-2601-X
E-Mail: buchverlag@tyrolia.at
Internet: www.tyrolia.at

Inhalt

Spiele für Kinder ab 6 Jahren

Der Engel mit dem gebrochenen Flügel

Inhalt

Oje! Der Engel Fligelius ist vom Himmel gefallen und mit einem lauten Plumps auf dem Waldboden gelandet. Dabei hat er sich den linken Flügel gebrochen. Zu allem Unglück sind beim Absturz auch noch einige Engelsfedern verloren gegangen. Wenn Fligelius diese nicht bald wiederfindet, muss er für immer auf der Erde bleiben. Frierend steht der kleine Engel im Winterwald und weiß nicht mehr weiter. Zum Glück bleibt er in seiner Not nicht lange allein, denn bald schon kommen die Tiere des Waldes gelaufen und bieten Fligelius ihre Hilfe an.

Dauer

ca. 20 Minuten

Spieler

20 (Die Anzahl ist beliebig veränderbar)

Rollen

Erzähler(in)
der Specht Emil
der Engel Fligelius
die Eule Eulalia
die Schneehasenfamilie Schnüffel
2 Waldmäuse
4 Wildenten
6 Schneeflocken

Hinweise

Dieses Theaterstück wird als *Erzählpantomime* aufgeführt. Der Vorteil liegt darin, dass diese Art des Theaters auch für jüngere Kinder einfach zum Spielen ist, weil sie keinen Text lernen oder aufsagen müssen. Allerdings braucht es dafür eine(n) erwachsene(n) Vorleser(in). Besonders reizvoll wird das Stück durch die entsprechende Geräuschkulisse. Deshalb ist der Einsatz von Orff-Instrumenten unbedingt zu empfehlen.

1. Akt

(Alle singen „Leise rieselt der Schnee")

Erzähler(in)

Draußen schneit es. Viele kleine Schneeflocken fallen vom Himmel und verwandeln die Gegend rund um den Waldsee in eine weiß glitzernde Winterlandschaft.

(Während die Schneeflocken ihren Tanz beginnen, wird dazu die Melodie von „Leise rieselt der Schnee" gesummt. Der Summgesang wird je nach Länge des Tanzes ein- bis zweimal wiederholt. Danach tanzen die Schneeflocken langsam von der Bühne ab. Nun fängt der Buntspecht an, mit seinem Schnabel gegen den Baumstamm zu hämmern. Gleichzeitig klopft jemand mit Klanghölzern die Geräuschkulisse dazu).

Erzähler(in)

He! Wer macht denn da so einen Lärm? Ach so. Emil, der Buntspecht, hat Hunger und sucht nach einem Holzwurm.

(Der Specht klopft noch ein wenig weiter und hält erst inne, als er ein leises Klingeln vernimmt. In der Stille ist das Klingeln des Glöckchens wieder zu hören. Emil Buntspecht schaut suchend hin und her, bis er schließlich nach oben blickt und verstehend nickt.)

„Schau, schau“, denkt sich der Buntspecht. „Da oben fliegt das Christkind mit seiner Engelschar vorbei. Die sind sicher unterwegs zu den Kindern, um ihnen ihre Geschenke zu bringen.“ **Erzähler(in)**

(Abermals ist das Glöckchen zu hören. Dieses Mal ganz laut.)

Aber was ist denn jetzt los? Was macht der kleine Engel da bloß? Der wird doch nicht ... Emil Buntspecht kann gar nicht hinsehen. „Oje, oje!“, denkt er sich. „Wenn das nur gut geht ...“ **Erzähler(in)**

(Emil Buntspecht hält sich die Augen zu. Das Klingeln hört abrupt auf. Die Glocke fällt zu Boden. Dann hört man das langgezogene „Aaaah!“ eines abstürzenden Engels und danach noch einen lauten Plumps.)

Ach du meine Güte! Dem kleinsten Engel ist sein Glöckchen aus der Hand gefallen. Im Sturzflug wollte er es wieder einfangen. Aber dabei hat er das Gleichgewicht verloren. Schreiend ist er in die Tiefe gestürzt und unsanft auf dem Waldboden gelandet. Das hat natürlich die Wildenten aufgeschreckt. Laut schnatternd watscheln sie daher. **Erzähler(in)**

(Die Wildenten watscheln nacheinander auf die Bühne. Sie schnattern wild durcheinander und schlagen aufgeregt mit ihren Flügeln.)

Jetzt kommen auch noch die Waldmäuse gelaufen. Sie scheinen etwas gefunden zu haben, das sie den anderen unbedingt zeigen wollen. **Erzähler(in)**

(Die Waldmäuse trippeln erregt um die Enten herum. Sie halten jeweils einige Federn in der Hand und deuten immer wieder in die Richtung, aus der sie gekommen sind. Dabei piepsen sie aufgebracht und

versuchen die Enten sowie den Buntspecht zum Mitgehen zu bewegen.)

Erzähler(in) Nun hoppelt auch noch Familie Hase auf die anderen Tiere zu. So wie Papa Schnüffel mit seinem Kopf wackelt, will er sicher wissen, was da gerade passiert ist.

(Die Hasen hoppeln heran. Papa Hase macht ein paar Extrasprünge und wackelt mit seinem Kopf. Als Antwort pfeift Emil Specht, schaut nach oben und hält sich noch einmal die Augen zu. Die Enten schnattern und schlagen mit ihren Flügeln. Danach piepsen die Mäuse, zeigen die mitgebrachten Federn her und deuten in die Richtung, in welcher sich der verletzte Engel befindet.)

Erzähler(in) Emil Buntspecht erzählt vom Sturzflug des kleinen Engels. Die Enten berichten von einem fürchterlichen Getöse, das sie zu Tode erschreckt hat, und die Mäuse behaupten, dass ganz in der Nähe eine wunderschöne Fledermaus mit goldenen Flügeln liegt, die jede Menge Federn verloren hat.

(Noch einmal piepsen die Mäuse und zeigen in die Richtung der Fundstelle. Plötzlich beginnt Emil Buntspecht mit seinen Flügeln zu schlagen und ganz schrill zu pfeifen.)

Erzähler(in) „Oh nein!“, ruft Emil Buntspecht. „Das ist wahrscheinlich gar keine Fledermaus, sondern der kleine Engel, den ich vorhin beobachtet habe. Kommt mit! Das müssen wir uns genauer anschauen!“

(Die Enten schnattern, die Mäuse piepsen, Emil Buntspecht pfeift, die Hasen wackeln mit dem Kopf, und alle laufen sie geschäftig hin und her.)

Erzähler(in)

Gibt das eine Aufregung im Winterwald. Die Tiere wollen natürlich sofort nachschauen, ob Emil Specht Recht hat. Womöglich ist der kleine Engel sogar verletzt und braucht ihre Hilfe. Also machen sich alle auf den Weg, um nach dem Engel zu suchen.

(Piepsend, schnatternd und pfeifend verlassen die Tiere die Bühne. Die Mäuse eilen voran und weisen den anderen die Richtung.)

2. Akt

(Zur Einleitung wird das Lied „Kling, Glöcklein, klingelingeling" gesungen und evtl. auch mit Orff-Instrumenten begleitet. Der Vorhang öffnet sich und gibt den Blick auf einen kleinen Engel frei, der regungslos am Boden liegt. Nun beginnt sich der Engel ganz langsam zu bewegen. Danach macht er all das, was der Erzähler/die Erzählerin vorliest.)

Erzähler(in)

Inzwischen ist der Engel Fligelius von seiner Ohnmacht erwacht. Stöhnend versucht er sich aufzurichten. Dabei zittert er erbärmlich, denn er ist barfuß und hat nur ein dünnes Kleidchen an. Neben ihm liegt die abgestürzte Glocke im Schnee. Vorsichtig hebt er sie auf und probiert, ob sie noch läutet ... So ein Glück. Das Glöckchen ist heil geblieben. Es funktioniert noch. „Jetzt aber nichts wie weg", denkt sich Fligelius. „Die anderen werden sich sicher schon fragen, wo ich so lange bleibe." Er versucht wegzufliegen, aber es geht nicht. Kein Wunder; sein linker Flügel ist gebrochen. Und was noch weit schlimmer ist: Einige der goldenen Engelsfedern, die beim Absturz ausgefallen sind, fehlen. Wenn die nicht wieder auftauchen, muss Fligelius für immer auf der Erde bleiben. Verzweifelt fängt er an zu weinen. Das hört die Eule Eulalia. Besorgt kommt sie näher und versucht den kleinen Engel zu trösten.

(Die Eule legt ihren Flügel um den Engel und streicht ihm tröstend über den Kopf. Dabei macht sie: „Huhu, huhu". Dann holt sie ihr großes Taschentuch heraus und hält es dem Engel hin. Fligelius nimmt es und schnäuzt sich geräuschvoll.)

Erzähler(in) „Ich werde dir helfen", verspricht Eulalia dem Engel Fligelius. „Du wirst sehen: Bald schon kannst du wieder fliegen."

(Eulalia macht: „Huhu, huhu" und packt ihr Taschentuch wieder ein.)

Erzähler(in) Die Eule Eulalia hat sehr gute Augen. Überall schaut sie sich um. Doch auch sie kann die verlorenen Federn nirgends entdecken.

(Eulalia schaut suchend umher. Dann macht sie wieder: „Huhu" und schüttelt den Kopf.)

Erzähler(in) „Dann schenke ich dir eben einige von meinen Federn", sagt Eulalia. „Möchtest du sie haben?"

(Die Eule macht „huhu", reißt sich zwei Federn aus und hält diese dem Engel hin.)

Erzähler(in) Doch Fligelius schüttelt nur traurig den Kopf. Eulenfedern nützen ihm leider überhaupt nichts. Er braucht richtige Engelsfedern. Wenn er die ankleben würde, dann wäre sein linker Flügel sofort heil, und er könnte endlich wieder fliegen. „Ich werde wohl für immer da bleiben und im kalten Winterwald erfrieren müssen", jammert der kleine Engel mutlos.

(Die Eule macht wieder „huhu, huhu" und nimmt den zitternden Engel unter ihre Fittiche.)

Erzähler(in)

„Nun lass doch deinen Kopf nicht hängen", sagt die Eule Eulalia. „Wir werden deine Federn schon noch finden. Sie können sich ja nicht in Luft aufgelöst haben. Weißt du was? Ich werde einen Rundflug machen und im ganzen Wald danach Ausschau halten. Aber zuerst suchen wir dir einen warmen Unterschlupf, damit du nicht so frieren musst. Und wenn du dich erst einmal aufgewärmt hast, dann wird es dir sicher bald besser gehen."

(Eulalia geht mit dem frierenden Engel suchend im Winterwald herum und verlässt mit ihm schließlich die Bühne. Das Ganze wird mit der gesummten Melodie von „Kling, Glöckchen, klingelingeling" und evtl. von Orff-Instrumenten begleitet.)

3. Akt

Erzähler(in) Inzwischen haben die zwei Waldmäuse die anderen Tiere des Waldes zur Absturzstelle des Engels geführt. Der Schnee ist an einigen Stellen eingedrückt, doch sonst ist keine Spur von Fligelius zu entdecken. Die Hasen reiben sich verwundert die Augen.

(Außerdem wackeln sie auch noch mit dem Kopf. Die Enten schnattern wild durcheinander. Die Mäuse piepsen und werfen die Arme in die Höhe. Emil Buntspecht pfeift und geht suchend umher.)

Erzähler(in) „Wo ist er denn, der Engel?", schnattern die Wildenten.
„Keine Ahnung", piepsen die Mäuse. „Vorhin war er noch da."
„Vielleicht ist er wieder davon geflogen," meint Emil, der Buntspecht. Doch dann entdeckt er kleine Fußspuren, die in den Wald führen.

(Der Specht pfeift schrill auf und zeigt auf die Fußspuren.)

Erzähler(in) „Seht doch!", ruft Emil Buntspecht. „Der Engel ist zu Fuß weitergegangen." „Kommt! Wir müssen ihn suchen!", rufen die Enten. „Vielleicht braucht er unsere Hilfe."

(Die Enten schnattern aufgeregt, schlagen mit ihren Flügeln und watscheln suchend weiter. Alle anderen Tiere folgen ihnen und veranstalten einen ziemlichen Lärm.)

Und so stapfen nun die Hasen, der Specht Emil und die zwei Mäuse hinter den Wildenten her durch den verschneiten Winterwald und rufen laut: „Kleiner Engel! Wo bist du?" **Erzähler(in)**

(Die Tiere drehen eine Runde. Von ferne hört man ein leises „huhu", das langsam lauter wird.)

Ja, wer kommt denn da angeflattert? Es ist die Eule Eulalia, die immer noch nach den Engelsfedern sucht. Als sie die anderen Tiere sieht, gesellt sie sich zu ihnen. **Erzähler(in)**

(Eulalia flattert zu der Tiergruppe und macht „huhu, huhu".)

„Habt ihr vielleicht die Engelsfedern gesehen?", fragt Eulalia. **Erzähler(in)**

(Die Hasen schütteln den Kopf. Die Enten fangen an zu schnattern.)

„Was denn? Engelsfedern? So ein Blödsinn!", schnattern die Wildenten. Wir suchen doch den kleinen Engel, der abgestürzt ist." **Erzähler(in)**

(Nun hüpft die Eule ein wenig herum, zeigt nach hinten und macht einige Male „huhu".)

Da erzählt Eulalia, dass sie den Engel Fligelius in der Bärenhöhle untergebracht hat und dass er dort bleiben muss, bis sie seine goldenen Federn wiedergefunden hat. **Erzähler(in)**

(Plötzlich werden die Mäuse ganz aufgeregt. Sie fangen an zu piepsen und zupfen die Eule an ihren Flügeln.)

„Wir wissen, wo die Engelsfedern sind", piepsen die Mäuse. „Wir äh ... haben sie gefunden und gleich mitgebracht." **Erzähler(in)**

(Sie holen die goldenen Federn aus ihren Taschen und zeigen sie den anderen Tieren. Diese pfeifen, schnattern, heulen und piepsen wild durcheinander.)

Erzähler(in) Ist das ein wildes Durcheinander. Die Tiere sind vor Freude außer sich, denn nun ist der Engel gerettet. Und so ziehen alle zur Höhle des Bären, um dem Engel, der schon sehnsüchtig wartet, die wiedergefundenen Federn zu bringen.

(Die Tiere verlassen voller Freude die Bühne und veranstalten dabei die entsprechende Geräuschkulisse.)

4. Akt

(Alle Tiere kommen zur Bärenhöhle und schauen zum Eingang. Die Mäuse piepsen, der Engel kommt heraus und nimmt freudig die Engelsfedern entgegen. Dann geht er in die Bärenhöhle zurück.)

Erzähler(in) Überglücklich nimmt Fligelius die goldenen Engelsfedern entgegen. Er hat in der Bärenhöhle einen Topf mit Honig gefunden. Damit kann er die Federn wieder ankleben. Während der kleine Engel nun in die Höhle geht, um den Flügel zu reparieren, warten die anderen Tiere gespannt darauf, was jetzt passiert.

(Plötzlich hört man einen lauten Knall und dann das helle Klingeln einer Triangel. Gleichzeitig ist über der Höhle ein goldener Sprühregen zu sehen; der z.B. dadurch entsteht, dass jemand, der sich hinter der Höhlenwand versteckt hat, Goldkonfetti in die Luft wirft. Die Tiere hüpfen aufgeregt herum und veranstalten ihrerseits einen ziemlichen Lärm. Dann hört man den Jubelschrei von Fligelius. Alle Tiere schauen nach oben und fangen an zu winken.)

Erzähler(in)

Der gebrochene Engelsflügel ist wieder heil. Mit einem Jubelschrei startet der kleine Engel zu einem Probeflug. Noch einmal winkt er den Tieren, die ihm geholfen haben, zu. Dann ist er verschwunden. Doch von ferne ist noch lange sein Glöckchen zu hören, das überall Weihnachtsstimmung verbreitet.

(Man hört das Klingeln des Glöckchens, das langsam leiser wird und schließlich ausklingt. Zum Abschluss singen alle die erste und zweite Strophe von „Leise rieselt der Schnee", die Schneeflocken tanzen dazu.)

Spiele für Kinder ab 7 Jahren

Die Suche nach dem Weihnachtsstern

Inhalt Die Maus Bonni ist untröstlich. Es sind nämlich nur mehr zwei Tage bis Weihnachten, und immer noch ist keine Spur vom Weihnachtsstern zu entdecken. Alles deutet darauf hin, dass Weihnachten dieses Jahr ausfallen wird. Das versuchen die Tiere auf dem Bauernhof natürlich unter allen Umständen zu verhindern. Also machen sie sich auf die Suche nach dem verschollenen Stern. Doch sosehr sie auch suchen, sie können ihn nicht finden. Da kommt ihnen die rettende Idee: Sie werden den Esel fragen. Der weiß sicher, was jetzt zu tun ist.

Dauer ca. 15 Minuten

Spieler 14 (sehr leicht auf eine größere Gruppe ausdehnbar)

Rollen Erzähler(in)

 Maus Bonni

 Frau Krähe

 3 Hennen (Herta, Hanna, Henriette)

 Herr Hahn

6 Schafe (Billi, Milli, Cilli, Lilli, Willi, Tilli)

Herr Esel

1. Akt

Erzähler(in)

Nur noch zwei Tage. Dann ist Weihnachten. Nach Wochen der eifrigen Vorbereitungen kehrt auch am Bauernhof endlich Ruhe ein. Es ist Nacht. Alles ist friedlich und in freudiger Erwartung. Aber Halt! Das stimmt ja gar nicht. Da rennt doch jemand ganz aufgeregt hin und her. Oh. Es ist die Maus Bonni. Welche Laus ist der denn über die Leber gelaufen?

(Bonni rennt aufgeregt hin und her. Immer wieder schaut sie suchend zum Sternenhimmel hinauf.)

Wo ist er bloß? Da ist er nicht.
(Bonni läuft weiter und blickt suchend umher.)
Und dort ist er auch nicht.

(Da kommt eine Krähe angeflattert und bleibt bei Bonni stehen.)

Hallo Bonni!

Was? Wie? Wo? Ah. Guten Abend, Frau Krähe!

Du bist ja ganz aufgeregt, Bonni. Was hast du denn?

Ich suche den Weihnachtsstern.

Und warum regst du dich dabei so auf?

Aber das ist es ja. Ich kann ihn nirgendwo entdecken.

Ach. Der kommt schon noch.

Und was, wenn nicht?

Oh. Dann, dann ...

Siehst du. Dann weißt du auch nicht weiter. Vielleicht gibt es dann gar kein Weihnachten? Hu, hu. *(Maus weint.)*
Und dabei habe ich mich schon so darauf gefreut. Hu, hu, hu.

Ach, Bonni. Wein doch nicht! Komm! Nimm mein Taschentuch und schnäuz dich erst einmal.

(Da kommen drei Hühner und der Hahn angetrippelt.)

Herta Gack, gack, gack, gack, gack. Wer weint denn da so kurz vor Weihnachten?

Hanna Oh. Gack, gack. Das ist ja die Maus Bonni.

Henriette Gack, gack, gack, gack, gack. Warum weinst du? Hast du vielleicht Hunger? Soll ich dir einen fetten Regenwurm ausgraben?

Kikeriki! So ein Blödsinn. Hast du vergessen, dass gerade Winter ist? Da kannst du lange graben. Außer Schnee wirst du nicht viel finden.

Henriette Na. Dann vielleicht ein Körnchen. Soll ich dir ein Maiskörnchen holen?

Schnief, schnief. Nein, danke. Ich habe keinen Hunger.

Ja, was denn dann? **Hanna**

Also das ist so: Bonni kann den Weihnachtsstern nirgends finden. Und deshalb glaubt sie, dass Weihnachten heuer ausfällt.

Was? Gack, gack, gack, gack. **Herta**

Kein Weihnachten? Nicht einmal ein bisschen? **Hanna**

Kikeriki! Das ist ja schrecklich! Kikeriki! Kikeriki!

(Eine Horde Schafe kommt daher.)

Mäh. Was ist denn da los? **Billi**

Haben wir verschlafen? Oder ist gar schon Weihnachten? **Milli**

Mäh. Nein, das glaub ich nicht. Außerdem ist es noch dunkel. **Cilli**

Ja. Mäh, mäh. Stockfinstere Nacht ringsherum. **Lilli**

Aber wer macht so einen Lärm? Noch dazu zu einer Zeit, wo andere Tiere schlafen wollen ... *(Willi gähnt.)* Uah. **Willi**

(Endlich kommen die Schafe bei den anderen Tieren an.)

Schau! Schau! Es ist unser Gockelhahn. Der hat gekräht. Mäh. Ich habe es genau gehört. **Tilli**

Billi Mäh. Was krähst du denn so mitten in der Nacht? Hast du etwa die Rumkugeln von der Bäuerin aufgefressen?

Nein, natürlich nicht. Meinst du, ich will im Suppentopf landen?

Lilli Na, wenn du weiterhin so krähst, bringst du die Bäuerin vielleicht auf gute Ideen. Mäh. Noch dazu, wo bald Weihnachten ist. Mäh. Mäh.

Eben nicht. Darf ich daran erinnern, dass Weihnachten heuer ausfällt?

(Die Maus Bonni fängt bei diesen Worten wieder an zu weinen.)

Hu, hu.

(Die Schafe hüpfen aufgeregt herum und blöken.)

alle Mäh. Mäh. Mäh.

Milli Mäh. Mäh. Was sagst du da?

Cilli Was? Mäh. Es gibt heuer kein Weihnachten?

Willi Warum denn? Mäh. Mäh.

Herta Weil ... gack, gack ... der Weihnachtsstern verschwunden ist.

Hanna Gack, gack, gack, gack, gack. Und ohne Stern kein Weihnachten.

Hu, hu.

Kikeriki! Kikeriki! Das darf nicht sein.

Genau. Gack, gack, gack, gack, gack.
Wir müssen etwas unternehmen. **Herta**

Ja. Gack, gack. Wir werden den Weihnachtsstern suchen. **Hanna**

Und wir werden ihn finden und dann ... **Henriette**

Dann ist Weihnachten gerettet.

Hurra! **alle Tiere**

Mäh. Und wo sollen wir mit unserer Suche anfangen? **Willi**

Da oben vielleicht? **Milli**

(Dabei zeigt Milli zum Sternenhimmel hinauf.)

Ja. Mäh. Mäh. **alle**

Nein. Dort oben ist er nicht. Da hat Bonni schon gesucht.

Vielleicht hat der Weihnachtsstern nicht aufgepasst
und ist hinuntergefallen? Mäh. Mäh. **Tilli**

Mäh. Das könnte sein.
Hoffentlich hat er sich dabei nicht wehgetan. **Billi**

Los! Wir dürfen keine Zeit verlieren.
Womöglich braucht er unsere Hilfe.

Herta  Gack, gack, gack, gack, gack. Am besten verteilen wir uns ein wenig. Dann finden wir ihn schneller.

(Die Tiere schwärmen in die verschiedensten Richtungen aus und verlassen langsam die Bühne. Dabei rufen sie:)

alle Tiere Weihnachtsstern! Weihnachtsstern, wo bist du?

2. Akt

(Als Erstes kommen Bonni und die Krähe auf die Bühne.)

 Weihnachtsstern!

 Krah. Krah. Weihnachtsstern, wo bist du?

 Es hat keinen Sinn. Wir finden ihn ja doch nicht. Hu, hu.

(Die drei Hühner trippeln auf die Bühne.)

alle  Gack, gack, gack, gack, gack. Weihnachtsstern! Wo bist du denn?

(Von der anderen Seite kommen die Schafe.)

alle  Mäh. Mäh. Weihnachtsstern! Mäh. Wo bist du bloß?

(Jetzt flattert der Hahn heran.)

 Kikeriki! Habt ihr ihn schon gefunden?

Henriette: Gack, gack, gack. Nein, leider nicht. Den ganzen Hühnerstall haben wir durchstöbert. Aber keine Spur von ihm.

Herta: Gack, gack. Sogar auf das Dach bin ich geflattert.

Hanna: Ja. Und fast hinunter gefallen.

Herta: Ach, sei du bloß still! Du hättest dich nicht einmal hinaufgetraut. Gack, gack, gack, gack.

Hanna: Das wäre ja auch gar nicht nötig gewesen. Der Weihnachtsstern war eh nicht oben.

Kikeriki! Ich war auf dem Misthaufen. Aber da war er auch nicht.

Cilli: Mäh. So ein Glück. Sonst würde er jetzt nach Mist stinken.

Lilli: Wenigstens würden wir ihn dann schneller finden. Mäh. Mäh.

Billi: Genau. Mäh. Wir Schafe wissen nämlich ebenso wenig, wo er ist.

Krah. Krah. Bonni und ich haben hinter dem Holzschuppen nachgesehen. Aber wir haben ihn leider auch nicht gefunden.

Dann fällt Weihnachten heuer also ins Wasser. Hu, hu.

Herta: Gack, gack, gack, gack. Jetzt weine doch nicht! Uns fällt schon noch etwas ein.

Hanna: Genau. Gack, gack, gack. Wir müssen nur alle scharf nachdenken.

(Plötzlich flattert die Henne Henriette aufgeregt mit ihren Flügeln und hüpft auf und ab.)

Was ist denn jetzt los? Hast du etwa ein Ei gelegt?

Henriette Ach, Quatsch. Mir ist gerade etwas eingefallen. Ich weiß jetzt, was wir machen können!

alle Tiere Ja, was denn?

Henriette Wir könnten doch den Esel fragen. Schließlich war sein Ur-Ur-Ur-Ur-Ur-Ur-... ach, ich weiß nicht wie oft Urgroßvater, beim ersten Weihnachten dabei. Ich glaube, das war in einem Stall in Betlehem.

Hanna Gack, gack, gack, gack, gack. Ja. Jetzt erinnere ich mich wieder. Ich glaube, ein Ochse war damals auch dabei.

Herta Gack, gack, gack. Genau. Aber vor allem hat der Esel von einem Kind geschwärmt, das damals geboren wurde. Wisst ihr noch, welchen Namen dieses Kind hatte?

Kikeriki! Kommt mit! Wir gehen jetzt zum Esel und fragen ihn einfach.

(Alle Tiere gehen eine Runde und treffen dann auf den Esel, der schnarchend in einer Ecke liegt.)

Billi Herr Esel! Aufwachen!

Warte! Lass mich einmal! Ich kann das besser.
(Der Hahn stellt sich in Pose und kräht so laut er kann:) Kikeriki!

(Der Esel schreckt hoch und hüpft auf die Beine.)

Ia, ia, ia. Was macht ihr denn da? Warum erschreckt ihr mich so?

Bitte, Herr Esel. Wir müssen Sie etwas fragen. Wissen Sie, wo sich der Weihnachtsstern versteckt haben könnte?

Gack, gack, gack. Bitte! Sie müssen uns helfen, ihn zu finden! Sonst gibt es heuer keine Weihnachten.

Hanna

Was hat denn der Weihnachtsstern mit Weihnachten zu tun?

Krah. Krah. Aber Herr Esel! Sie müssten das doch wissen. Einer Ihrer Vorfahren war schließlich dabei, als dieses Kind in Betlehem geboren wurde.

Ach, ihr meint die Geburt Christi. Ja, das ist eine schöne Geschichte. Immer, wenn ich sie höre, wird mir ganz warm ums Herz. Kommt setzt euch zu mir! Dann erzähle ich sie euch.

(Alle Tiere setzen sich um den Esel herum und lauschen seiner Geschichte.)

Erzähler(in)

Und so beginnt der Esel den Tieren die Weihnachtsgeschichte zu erzählen, und alle hören gebannt zu. Ich weiß ja nicht, ob die Maus Bonni, Frau Krähe, die Schafe, die Hühner oder der Hahn den Weihnachtsstern danach noch finden werden. Aber ich bin mir ganz sicher, dass Weihnachten auch ohne ihn stattfinden wird.

Timmi, der Weihnachtsbaum

Inhalt Timmi ist ein kleiner Tannenbaum, der einen großen Wunsch hat. Er möchte unbedingt ein Weihnachtsbaum werden. Doch das ist gar nicht so einfach, denn Timmi ist sehr eigenwillig gewachsen. Als die Christbaumverkäufer in den Wald kommen, suchen sie sich nur die schönsten Tannen aus, und Timmi bleibt allein zurück. Die Tiere des Waldes versuchen ihn zu trösten und erleben dabei eine große Überraschung. Zum Schluss geht Timmis größter Wunsch nämlich doch noch in Erfüllung; jedoch anders, als er sich das ursprünglich vorgestellt hat.

Dauer ca. 25 Minuten

Spieler 21 (relativ leicht auf eine größere Gruppe ausdehnbar, indem z.B. die Rehe im dritten Akt mit neuen Darsteller(inne)n besetzt werden.)

3 Rehe (Stubsi, Hubsi, Schnuffel)

7 Tannen (Timmi, Tammi, Tommi, Narscha, Nurscha, Nora, Nala)

Christbaumverkäufer

Christbaumverkäuferin

Pfarrer

Bürgermeister 

Herr Huber 

Frau Huber 

Frau Meier 

2 Schneehasen (Hoppel und Stoppel) 

Mona 

Florian 

Hinweise

Bei diesem Theaterstück werden zwei umgedichtete Lieder immer wieder gesungen („Der Bibabutzenmann" und „Es klappert die Mühle am rauschenden Bach"). Zweiteres ist etwas anspruchsvoller zu singen. Man kann auch das Publikum bitten, die kleinen Darsteller(innen) gesanglich zu unterstützen (Liedertexte vorher austeilen oder mit Overheadprojektor sichtbar machen und mit dem Publikum vor der Vorstellung einmal durchproben). Eine andere Möglichkeit wäre es, das Lied mit den Kindern einige Tage vor der Aufführung in aller Ruhe durchzuproben und auf Tonband aufzunehmen. Diese Aufnahme könnte dann bei der Vorstellung vorgespielt werden; wobei die Kinder natürlich trotzdem mitsingen könnten.

1. Akt

(Zur Melodie vom Bibabutzenmann wird folgender Text gesungen:)
Es steht ein kleiner Tannenbaum im Winterwald herum.
Schrum di bum.
Es steht ein kleiner Tannenbaum im Winterwald herum.
Er wär'so gern ein Weihnachtsbaum.
Das ist sein allergrößter Traum.
Es steht ein kleiner Tannenbaum im Winterwald herum.

(Timmi und die anderen Tannen stehen „im verschneiten Winterwald". Da kommen drei Rehe zwischen den Bäumen hervor. Sie schnuppern an den Tannen und bleiben dann in der Reihenfolge der Dialoge vor Timmi stehen.)

Stubsi Timmi! Schläfst du schon?

Timmi Nein. Ich döse nur ein wenig und träume so vor mich hin.

Hubsi Wovon träumst du denn?

Stubsi Wahrscheinlich vom Frühling.

Timmi Nein.

Schnuffel Dann vielleicht vom Christkind. Womöglich kommt es heuer bei uns vorbei und bringt uns schöne Geschenke mit.

Timmi Nein. Davon träume ich auch nicht.

Hubsi Ja, wovon denn dann?

Von einem Weihnachtsfest, wo ich allen eine Freude machen kann. Ach, ich wäre so gern ein Weihnachtsbaum. **Timmi**

Was? Du möchtest ein Weihnachtsbaum sein? **Tommi**

Ha, ha. Das ist ein guter Witz. **Tammi**

Aber Timmi! Als Weihnachtsbaum bist du nun wirklich nicht geeignet. **Narscha**

Genau. Deine Spitze ist total verbogen. Da kann man ja gar nichts draufstecken. **Nurscha**

Nora Und dein Stamm ist viel zu dick.

Nala Und erst deine Äste. Die sind viel zu kurz
und stehen in alle Richtungen ab.

Nora So viel Lametta gibt es gar nicht,
dass man dich verschönern könnte.

Tommi Schau uns an! So muss ein Weihnachtsbaum aussehen.

Nurscha Perfekt gewachsen. Nicht zu dünn und nicht zu dick.

Nala Wunderschöne, gleichmäßig verteilte Äste.

Narscha Und natürlich eine gerade Spitze,
auf die der Weihnachtsstern gesteckt werden kann.

Tammi Da hörst du es. Du kannst kein Weihnachtsbaum sein.
Dich will bestimmt keiner.

alle singen Es steht ein kleiner Tannenbaum im Winterwald herum.
Schrum di bum.
Es steht ein kleiner Tannenbaum im Winterwald herum.
Er möcht' ein kleiner Christbaum sein,
doch leider wirkt er nicht sehr fein.
Es steht ein kleiner Tannenbaum im Winterwald herum.

(Während des Liedes verlassen die Rehe langsam die Bühne.)

2. Akt

(Alle singen zur Melodie vom Lied „Es klappert die Mühle am rauschenden Bach“ folgenden Text:)

alle singen

Ja hoppla! Was ist denn im Tannenwald los? Ritsch, ratsch.
Der Mann mit der Säge; was macht der da bloß? Ritsch, ratsch.
Und schau! Diese Leute, man glaubt es kaum,
die kaufen sich hier ihren Weihnachtsbaum.
Ritsch, ratsch, ritsch, ratsch, ritsch, ra-a-atsch.
Ritsch, ratsch, ritsch, ratsch, ritsch, ratsch.

(Verschiedene Leute kommen zwischen den Bäumen hervor. Sie begutachten die Tannen, die ein wenig hin und her wippen und dabei gewinnend lächeln.)
(Der Baumverkäufer geht auf den Bürgermeister zu.)

Grüß Gott, Herr Bürgermeister! Welche von meinen schönen Tannen wollen Sie denn nun haben?

Ha. Eine schwierige Entscheidung. Die sind alle schön.
(Er schaut auf Timmi und schüttelt den Kopf.)
Äh, nun, fast alle, wollte ich sagen.
(Der Bürgermeister zeigt auf die Tanne Tommi.)
Der ist genau richtig. Den nehme ich.

Sehr wohl, der Herr.

(Der Verkäufer geht zu Tommi hin und beginnt zu sägen.)

alle singen

Jetzt sägt der Verkäufer ein Bäumchen um. Ritsch, ratsch.
Das Bäumchen, das freut sich und fällt gleich um. Ritsch, ratsch.

(Tommi legt sich auf den Boden, der Bürgermeister bezahlt und zieht das Bäumchen von der Bühne. Inzwischen wird die Melodie mit la-la-la ... zu Ende gesungen.)

(Herr und Frau Huber messen alle Bäume ab. Dann winken sie die Verkäuferin zu sich heran.)
(Herr Huber zeigt auf die Tanne Narscha.)

Wir nehmen diesen da!

(Frau Huber zeigt auf die Tanne Nurscha.)

Nein, den da.

Aber Liebes. Wir werden doch jetzt nicht streiten.
Doch nicht wegen eines Tannenbaums.

Du hast Recht. So kurz vor Weihnachten wird nicht gestritten.
Nun denn. Wir nehmen beide.

Aber gerne. Bitte sehr.
(Beide Verkäufer beginnen zu sägen.)

alle singen Jetzt säbelt die Säge zwei Bäumchen um. Ritsch, ratsch.
Die Bäume, die lachen und fallen gleich um. Ritsch, ratsch.
(Narscha und Nurscha legen sich auf den Boden und werden von Herrn und Frau Huber, die noch schnell bezahlen, weggezogen. Inzwischen wird die Melodie mit la-la-la ... zu Ende gesungen.)

Wer hat noch nicht? Wer will noch mal?

Ich bitte. Ich möchte diesen hier haben.

(Frau Meier zeigt auf die Tanne Nala.)

Gerne. Sie haben eine gute Wahl getroffen.
(Der Verkäufer beginnt zu sägen.)

alle singen

Jetzt sägt der Verkäufer ein Bäumchen um. Ritsch, ratsch.
Das Bäumchen, das freut sich und fällt gleich um. Ritsch, ratsch.

(Nala legt sich auf den Boden, Frau Meier bezahlt und trägt Nala von der Bühne. Inzwischen wird die Melodie mit „la-la-la" zu Ende gesungen.)
(Nun kommt auch noch der Pfarrer dahergelaufen.)

Hoppsala, Herr Pfarrer! Nicht so stürmisch!
Was kann ich für Sie tun?

(Pfarrer ist noch ganz außer Atem.)

Ich. Ich bräuchte noch schnell zwei Bäume für die Kirche.
Ah. Die zwei sind prächtig.
(Pfarrer zeigt auf die Tanne Nora und die Tanne Tammi.)
Die nehme ich. Was bin ich Ihnen schuldig?

20 Euro bitte. *(Der Pfarrer bezahlt).*
Danke schön, Herr Pfarrer.

So. Für heute können wir es gut sein lassen.

Wenn Sie möchten, begleiten wir Sie nach Hause, Herr Pfarrer.

Ja gerne. Dann brauche ich die Bäume
wenigstens nicht alleine zu schleppen.

alle singen
Jetzt säbelt die Säge zwei Bäumchen um. Ritsch, ratsch.
Die Bäume, die lachen und fallen gleich um. Ritsch, ratsch.
La, la, la, la, la, la, la, la, la, la, la.
La, la, la, la, la, la, la, la, la, la, la.
Ritsch, ratsch, ritsch, ratsch, ritsch, ra-a-atsch.
Ritsch, ratsch, ritsch, ratsch, ritsch, ratsch.

(Nora und Tammi legen sich auf den Boden und werden vom Pfarrer und den zwei Verkäufern weggezogen.)

3. Akt

(Zur Melodie vom Bibabutzenmann wird folgender Text gesungen:)
Jetzt steht ein kleiner Tannenbaum allein im Wald herum.
Schrum di bum.
Jetzt steht ein kleiner Tannenbaum allein im Wald herum.
Er rüttelt sich und schüttelt sich und denkt sich:
Warum immer ich?
Jetzt steht ein kleiner Tannenbaum allein im Wald herum.

(Timmi steht alleine da, schaut traurig drein und lässt seine Zweige hängen. Da kommen die zwei Schneehasen Hoppel und Stoppel angehoppelt und bleiben besorgt vor der kleinen Tanne stehen.)

Stoppel
He, was ist denn mit dir los?
Warum lässt du deine Zweige so hängen?

(Die Tanne Timmi erzählt weinend:)

Timmi
Hu, hu. Alle Bäume sind verkauft. Nur ich nicht. Hu, hu, hu, hu. Ich wäre so gerne ein Weihnachtsbaum geworden. Aber mich wollte keiner haben. Hu, hu, hu.

Hoppel: Ach, das ist aber traurig.

Stoppel: Also, wenn ich die Wahl gehabt hätte, dann hätte ich dich genommen und nicht diese eingebildeten Schnösel.

Hoppel: Ich auch. Du bist nämlich immer so nett zu uns. Für uns Hasen wärst du sicher ein toller Weihnachtsbaum geworden.

Stoppel: Außerdem erinnerst du mich mit deinem dicken Stamm immer ein wenig an eine zu groß geratene Karotte. Richtig zum Anbeißen.

(Nun kommen die drei Rehe daher, die schon beim ersten Akt dabei waren.)

Hubsi: Höre ich da etwas von „anbeißen“?

Stubsi: Wo gibt es etwas zum Abbeißen? Ich habe so einen Hunger.

Schnuffel: Ich auch. Bei dem vielen Schnee findet man ja nie etwas.

Timmi: Kommt nur her zu mir und beißt ein wenig von meinen Zweigen ab!

Hubsi: Aber Timmi! Du willst ein Weihnachtsbaum werden. Da brauchst du deine Zweige doch.

Timmi: Ach, lass gut sein! Iss nur! Mich will heuer sowieso keiner mehr. Und im Frühling werden meine Zweige schon wieder nachwachsen.

Stubsi  Na, wenn du meinst. Danke Timmi.

(Gerade will Stubsi von Timmis Ästen ein wenig abbeißen, da wird er von einem Geräusch aufgeschreckt.)

Schnuffel  Pst! Da kommt jemand. Versteckt euch!

(Die Hasen und Rehe laufen schnell an den Rand der Bühne und verstecken sich. Inzwischen kommt Frau Meier mit ihren zwei Kindern bei Timmi an.)

 So. Hier sind wir richtig. Schaut einmal!

 Oh! Ist der süß! Genau richtig.

 Super. Der wird sicher ein toller Weihnachtsbaum.

 Kommt, wir schmücken ihn gleich!
(Frau Meier und die beiden Kinder hängen eifrig Karotten, Futterkugeln für die Vögel, Kastanien und kleine Heubündel auf den Baum.)
So. Fertig.

 Oh. Ist der schön geworden.

 Da werden sich die Tiere aber freuen.

 Ja. Das glaube ich auch. Aber jetzt gehen wir schnell nach Hause. Sonst trauen sich die scheuen Waldtiere nicht zu den Leckereien hin.

(Frau Meier und die Kinder gehen langsam von der Bühne ab. Inzwischen kommen die Rehe und Hasen neugierig herbeigelaufen.)

alle singen

Jetzt steht ein echter Weihnachtsbaum
im Winterwald herum. Schrum di bum.
Jetzt steht ein echter Weihnachtsbaum
im Winterwald herum.
Die Tiere halten Festtagsschmaus
und damit ist das Spiel jetzt aus.
Jetzt steht ein echter Weihnachtsbaum
im Winterwald herum.

(Während des Liedes tanzen die Tiere um Timmi herum und knabbern ab und zu an den Leckereien. Weihnachtsbaum Timmi steht stolz da und lacht.)

Der störrische Esel

Inhalt Herr Jakub ist verzweifelt. Sein störrischer Esel macht nur das, was er will, und richtet damit viel Unheil an. Zur Strafe wird der kleine „Tu-nicht-gut“ in einen Stall gesperrt. Es ist ausgerechnet jener, in welchem kurz darauf Maria und Josef Zuflucht finden. Als der Esel das Wunder der Geburt Christi erlebt, geht eine eigenartige Veränderung in ihm vor.

Dauer ca. 15 Minuten

Spieler 15 (leicht auf eine größere Gruppe ausdehnbar, indem z.B. die Rolle des Erzählers gesplittet oder der Esel von verschiedenen Kinderpaaren gespielt wird; im Stall können noch einige zusätzliche Engel vorkommen).

Rollen Erzähler(in)

 Herr Jakub

 Magdalena

 Abraham

 Judith

 Johannes

Obsthändler und –händlerin 

Dienstmagd 

Rebekka 

der Esel „Tu-nicht-gut“ (bestehend aus zwei Kindern) 

Maria und Josef 

der Ochse (bestehend aus zwei Kindern) 

Hinweise

Bei diesem Kindertheater wird das Lied vom Esel „Tu-nicht-gut“ gesungen, das mit der Gitarre begleitet werden sollte. Die Rolle des Erzählers (der Erzählerin) ist recht umfangreich und muss deshalb wahrscheinlich von einem Erwachsenen bzw. von einem älteren Kind gespielt werden. Diese große Rolle kann aber auch in mehrere kleine Rollen aufgeteilt werden.

Lied vom Esel „Tu-nicht-gut“

2. Schaut her, wie schön mein graues Fell im Sonnenlicht erstrahlt.
Bin mir doch viel zu schade für die schwere Last der Magd,
die schwere Last der Magd.

Refr.: Ich bin der Esel …

3. Das Gartenbeet, wo alles wächst, bereitet mir Vergnügen.
Da fresse ich so manches Blatt, Karotten und auch Rüben,
Karotten und auch Rüben.

T. + M.: Gudrun Prackwieser

1. Akt

(Alle singen das Lied vom Esel „Tu-nicht-gut", den Refrain und die erste Strophe. Dabei stapft der Esel langsam hin und her und wippt im Takt der Musik mit.)

Erzähler(in)

Vor langer, langer Zeit lebte in Betlehem ein kleiner Esel. Der war so störrisch, dass sein Besitzer, Herr Jakub, schon ganz verzweifelt war.

(Herr Jakub zieht am Strick des Esels und versucht diesen zum Vorwärtsgehen zu motivieren.)

Komm schon, du störrischer Esel! Jetzt komm doch endlich!

(Der Esel macht „ia, ia", schüttelt den Kopf, zieht in die entgegengesetzte Richtung und geht einige Schritte rückwärts. Da kommen einige Leute vorbei. Sie bleiben vor Herrn Jakub sowie dessen Esel stehen, zeigen mit den Fingern auf die beiden und fangen an zu lachen.)

Nun schaut euch das an! Der kleine Graue zeigt Herrn Jakub, wo's langgeht.

He Jakub! Kämpfst du wieder einmal mit deinem Esel?

Wer wird sich durchsetzen? Du oder er?

Das ist doch klar. Natürlich der Esel. Wer denn sonst?

(Die vier gehen lachend weiter.)

Oh, du schlimmer Esel, du! Jetzt hast du mich auch noch zum Gespött der Leute gemacht. Zur Strafe werde ich dich von nun an nur noch „Tu-nicht-gut" nennen.

(Schimpfend verlässt Herr Jakub die Bühne.
Dabei werden noch einmal Refrain und erste Strophe
vom Lied „Ich bin der Esel Tu-nicht-gut" gesungen.)

2. Akt

(Alle singen den Refrain und die zweite Strophe vom Lied.
Der Esel dreht eine Runde und wackelt im Takt der Musik
mit seinem Kopf herum.)

Erzähler(in) Der kleine „Tu-nicht-gut" machte seinem Namen alle Ehre. Störrisch widersetzte er sich jedem Befehl und tat weiterhin nur das, was er wollte. Das bekam auch die Dienstmagd von Herrn Jakub zu spüren, die mit „Tu-nicht-gut" zum Markt gegangen war, um frisches Obst zu kaufen.

(Die Dienstmagd steht mit „Tu-nicht-gut" am Marktstand und nimmt die Einkäufe entgegen, die ihr der Obsthändler und die Obsthändlerin reichen.)

Bitte schön. Hier sind die frischen Datteln und die Orangen, die du bestellt hast.

Und in diesen Sack habe ich die Honigmelonen gepackt. Aufgepasst! Er ist sehr schwer. Soll ich ihn gleich auf den Rücken des Esels binden?

Ja. Das wäre nett. Halte schön still, mein Eselchen!
Jetzt bekommst du etwas zum Tragen.

(Der Esel macht „ia, ia" und schüttelt den Kopf. Er scharrt mit seinen Hufen und wartet, bis der Händler die Säcke auf seinem Rücken abgelegt hat. Dann bäumt er sich auf und ruckelt so lange herum, bis alle Einkäufe auf den Boden purzeln. Der Sack mit den Orangen ist nicht gut verschlossen, sodass die Orangen in alle Richtungen davonrollen.)

Oh, du schlimmer Esel du!
Jetzt muss ich alles wieder einsammeln.

(Der Esel macht „ia, ia", und das klingt diesmal fast so, als ob er lachen würde. Dann dreht er sich um und läuft einfach davon. Die Magd läuft ihm ein Stück nach und ruft:)

He, du Mistvieh! Bleib stehen!

(Doch der Esel macht nur noch einmal „ia, ia“ und läuft von der Bühne ab. Die Magd läuft ihm schimpfend hinterher.)

3. Akt

(Alle singen den Refrain und die dritte Strophe vom Lied. Der Esel dreht eine Runde und schlenkert im Takt mit seinen Füßen hin und her.)

Erzähler(in) Diesmal hatte es der kleine „Tu-nicht-gut“ wirklich übertrieben. Er war in den Garten von Rebekka gehüpft und hatte dort alles niedergetrampelt. Rebekka war natürlich sehr aufgebracht. Zornig schimpfte sie auf den Esel ein. Doch „Tu-nicht-gut“ dachte gar nicht daran, den Garten wieder zu verlassen.

(Rebekka steht aufgebracht neben dem Esel und schimpft auf ihn ein.)

Jetzt schau bloß, was du hier angestellt hast! Meine Gurken, die Stangenbohnen und meine schönen Tomaten! Alles ist zertrampelt.
(Rebekka klatscht in die Hände.)
Los! Worauf wartest du noch? Verschwinde!

(„Tu-nicht-gut“ schüttelt den Kopf und macht „ia, ia“. Da versucht Rebekka den Esel von hinten anzuschieben.)

Jetzt geh doch endlich!

(Da versetzt der Esel Rebekka einen Tritt. Rebekka fällt mit einem Schmerzensschrei zu Boden. Der Esel dreht noch einmal seinen Kopf zu der schimpfenden Rebekka hin und gibt ein lachendes „ia" von sich. Dann stapft er gemütlich davon.)

(Noch einmal singen alle den Refrain und die dritte Strophe vom Lied. Der Esel trabt im Kreis herum und verteilt im Takt unsichtbare Tritte.)

4. Akt

Erzähler(in)

Zum Glück war Rebekka nichts Gröberes passiert. Aber so konnte es natürlich nicht weitergehen. Also beschloss Herr Jakub, den Esel für einige Zeit einzusperren. Ein wenig außerhalb von Betlehem gab es einen Stall. Dort brachte er ihn schließlich hin.

(Herr Jakub geht mit dem Esel zum Stall. Dort bindet er ihn neben dem Ochsen fest.)

So, mein Esel. Hier wirst du jetzt einige Zeit bleiben müssen.

(Der Esel lässt traurig den Kopf hängen und macht „ia, ia".)

He, du musst nicht traurig sein. Schau!
Das Öchslein ist ja da und passt auf dich auf.
(Herr Jakub wendet sich dem Ochsen zu und krault diesen am Kopf.)
Nicht wahr, du braver Brauner?

Muh, muh.

(Der Ochse nickt bejahend mit seinem Kopf. Herr Jakub streicht auch noch dem kleinen „Tu-nicht-gut“ über das Fell und verlässt den Stall. Alle singen das Lied vom Esel „Tu-nicht-gut“ – diesmal mit la, la, la.)

5. Akt

Erzähler(in) Bald darauf kamen noch zwei Gäste in den Stall. Es waren Maria und Josef, die in ganz Betlehem keine Herberge finden konnten. In dieser Nacht passierte etwas Wunderbares.
Der kleine Jesus wurde geboren.

(Maria und Josef stehen bei der Krippe und streicheln ihr Kind. Der Ochse und der Esel stehen dahinter und muhen bzw. wiehern ganz leise.)

Erzähler(in) Ergriffen schauten der Ochse und der Esel in die Krippe zu dem Kind. Der kleine „Tu-nicht-gut“ beugte sich sogar ein wenig vor, damit er das Jesuskind besser sehen konnte.

(Der Esel beugt sich vor und macht „ia, ia“. In dem Augenblick werden mit dem Kassettenrecorder Babylaute vorgespielt. „Tu-nicht-gut“ nickt bejahend mit dem Kopf und wiehert noch einmal.)

Schau nur, Josef. Unser Kleiner unterhält sich mit dem Esel.

Ja. Und sie scheinen sich wirklich glänzend zu verstehen.
Was die sich wohl zu sagen haben?

Erzähler(in) Nie hat jemand erfahren, was das Christkind damals zu „Tu-nicht-gut“ gesagt hat. Aber noch lange redete man in

Betlehem davon, dass der kleine Esel von diesem Tage an wie verwandelt war.

(Zum Abschluss trabt der Esel noch eine Ehrenrunde. Dabei singen alle den neuen Refrain „Ich bin der Esel Tu-e-gut ...“. Dabei wackelt der Esel mit seinem Kopf im Takt der Musik.)

Spiele für Kinder ab 8 Jahren

Zu Betlehem in jener Nacht

Inhalt Die Hirten sind sehr aufgebracht, weil das schwarze Schaf Flocki wieder einmal davongelaufen ist. Als wäre dies nicht schon Aufregung genug, kommen auch noch Engel daher und verkündigen die Geburt Christi. Sogleich machen sich die Hirten auf die Suche nach dem Christkind, doch sie können es nicht finden ... Ausgerechnet das schwarze Schaf Flocki rettet die Hirten aus ihrer Misere und führt sie zum Messias.

Dauer ca. 10 Minuten (wenn man die Bilder wirken lässt; sonst kürzer)

Spieler 13 (je nach Art der Bilderpräsentation werden noch beliebig viele Kinder benötigt, die dem Publikum ihre Bilder zeigen)

Rollen Erzähler(in)

8 Hirten (Jakob, Elias, Tobias, Ferdinand, Matthias, Simon, Paulus, Jos)

drei Schafe (Molli, Polli, Wolli)

Engel

Hinweise

Dieses Stück wird wie ein *Hörspiel* aufgeführt. Deshalb werden keine Kostüme benötigt, und die Kinder brauchen auch nichts auswendig zu lernen, weil es niemanden stören wird, wenn sie den Text vom Zettel ablesen.
Ihren besonderen Reiz erhält die Vorführung durch die Bilder, die als Untermalung des Textes gezeigt werden. Im Idealfall haben die mitwirkenden Kinder diese selbst gemalt.
Für die Bilderpräsentation gibt es mehrere Möglichkeiten. Am besten wirken wahrscheinlich Dias. Sind die Bilder groß genug, können sie selbstverständlich auch von den Kindern selbst präsentiert werden. Hierfür gehen immer zwei Kinder gemeinsam nach vorne und halten das jeweilige Bild zum gegebenen Zeitpunkt in die Höhe. Die Bildvorgaben sind als Vorschläge zu verstehen. Natürlich können die verschiedenen Szenen auch ganz anders dargestellt werden. Der Phantasie der kleinen Künstler(innen) sind hier keine Grenzen gesetzt.

(Das erste Bild stellt die Szene am nächtlichen Hirtenfeld mit dem schreienden Hirten Jakob dar.)

Erzähler(in)

Zu Betlehem in jener Nacht,
da war viel los am Hirtenfeld.
Der Jakob rief ganz aufgebracht:

Jakob

„Oh nein! Ein Schäfchen fehlt.

(Das zweite Bild zeigt das schwarze Schaf Flocki.)

Jakob

Es ist das kleine schwarze Schaf,
das Böcklein vom Tobias.“

Elias

„Die Schwarzen sind doch niemals brav!“,

Erzähler(in) rief zornig der Elias.

(Das dritte Bild zeigt mehrere weiße Schafe, die aufgeregt blöken.)

Molli  „Armer Flocki!“

alle  „Mäh!“,

Erzähler(in) blökten die Schafe vor sich hin.

Polli  „So ein Schlingel!“

alle  „Bäh!“

Wolli  „Kommt, wir suchen ihn!“

(Das vierte Bild zeigt den Hirten Tobias,
der beruhigend auf die anderen einredet.)

Erzähler(in) Tobias sagte:

Tobias  „Wisst ihr was?
Der Flocki ist ein kluges Tier.
Der kommt zurück. He, glaubt mir das!
Schon morgen ist der wieder hier.“

(Das fünfte Bild stellt den Hirten Ferdinand dar,
der zum Sternenhimmel hinaufzeigt.)

Ferdinand  „Schaut doch, diese Sternenpracht!“,

Erzähler(in) rief jetzt der Ferdinand.

Ferdinand
„Ich glaube fast, in dieser Nacht
passiert noch allerhand."

(Das sechste Bild zeigt die Hirten, die nach oben schauen, während am Himmel die Engel erscheinen.)

Erzähler(in)
Ein jeder Hirte sah empor
und dachte sich:

 **alle**
„Wie wahr!"

Erzähler(in)
Denn dort erschien ein Engelchor
und sang ganz wunderbar.

(Nun wird ein Jubellied gesungen oder auf dem Kassettenrecorder vorgespielt; zum Beispiel der Kanon „Lobet und preiset, ihr Völker, den Herrn".)

Erzähler(in)
Die Hirten fielen auf die Knie
und fürchteten sich sehr.
Selbst die Schafe vis-a-vis,
die hüpften wild umher.

(Das siebente Bild zeigt den Engel, der zu den knieenden Hirten spricht.)

Erzähler(in)
Da trat ein kleiner Engel vor und sagte:

„Seid nicht bang!
Wir sind doch nur ein Engelchor
und bleiben auch nicht lang.

Gottvater auf dem höchsten Thron,
der ließ ein Wunder hier gescheh'n.
Geboren ist nun Gottes Sohn,
und ihr dürft ihn bald seh'n."

(Das achte Bild zeigt den lachenden Hirten Matthias, der jubelnd seine Hände in die Höhe reißt.)

Matthias  „Sagt danke, eurem Gott und Herrn!",

Erzähler(in) rief jubelnd der Matthias.

Matthias  „Wir kommen selbstverständlich gern.
Wo ist denn der Messias?"

Erzähler(in) Der Engel sprach:

(Das neunte Bild zeigt den Stall mit dem Kind, der von lauter Engeln umgeben ist.)

„Nicht weit von hier,
im Tale liegt ein Stall.
Der ist umringt, so scheint es mir,
von Engeln ohne Zahl.
Dort drinnen findet ihr ein Kind,
ganz ohne pipapo.
Doch gut geschützt vor Frost und Wind,
gebettet weich auf Stroh."

Erzähler(in) Die Engel sangen noch ein Lied.
Dann flogen sie davon.
Der Simon hetzte:

„Schnell! Kommt mit!
Die warten sicher schon.“  **Simon**

*(Das zehnte Bild stellt die Hirten dar,
die den Stall mit dem Messias suchen.)*

So eilten alle Hirten fort **Erzähler(in)**
und suchten nach dem Stall.
Sie suchten hier. Sie suchten dort.
Sie suchten überall.
Im Tal erblickten sie ein Licht
und folgten dessen Schein.
Doch der Messias war da nicht.
Wo mochte der nur sein?

(Das elfte Bild zeigt die Hirten, die ratlos schauen.)

Der Paulus rief: **Erzähler(in)**

„Oh je! Verflixt!
Was machen wir jetzt bloß?“  **Paulus**

„He, schaut doch, wer dort vorne sitzt!“,  **Jos**

rief da der alte Jos. **Erzähler(in)**
Es war das kleine, schwarze Schaf,
das Böcklein vom Tobias.

„Jetzt läuft es weg. Nie ist es brav“,  **Elias**

beschwerte sich Elias. **Erzähler(in)**
Tobias sagte:

Tobias

„Hört mir zu!
Da ist etwas geschehen.
Nicht wahr, du kluger, Flocki, du!
Du willst, dass wir das sehen."

(Das letzte Bild zeigt die Hirten, die dem Schaf Flocki folgen und dabei den Stall mit dem Jesuskind finden.)

Erzähler(in)

So folgten sie dem schwarzen Schaf
und fanden den Messias.
Da waren alle Hirten baff,
besonders der Elias.

Ein Halleluja für die Hirten

Inhalt

Chorprobe beim Engelnachwuchs. Die Chorleiterin Jubilazia hat Mühe, die quirlige Engelschar im Zaum zu halten. Während Seraphina und Aurelius immer wieder miteinander tuscheln, weil es sensationelle Neuigkeiten gibt, wollen die anderen Engel irgendwie nicht einsehen, warum sie das Halleluja so lange üben müssen. Noch dazu, wo sie es später ja doch nur vor Hirten singen dürfen. Währenddessen murren die Hirten auf dem Feld über die vielen Ungerechtigkeiten, die es in ihrem Leben gibt. Doch das Kommen des Messias verändert alles. Und so sind die Hirten die Ersten, denen die Geburt Christi verkündet wird, begleitet von einem wunderschön gesungenen Halleluja des Engelchores!

Dauer

ca. 20 Minuten

Spieler

19 (es können noch beliebig viele Engel dazukommen und den Chorgesang verstärken)

Chorleiterin Jubilazia 

Engelputte Seraphina 

8 weitere Engel (Aurelius, Raphael, Angelina, Gabriel, Deodus, Engelbert, Fligelia, Sanctus) 

7 Hirten (Johannes, Elias, Benjamin, Jakob, Tobias, David, Simon) 
evtl. noch Maria und Josef

Alleluja

M.: Nach dem Lied: Gehet nicht auf in den Sorgen dieser Welt

Hinweise Der Hirte Elias sollte Flöte spielen können. Die Rolle der Chorleiterin ist etwas anspruchsvoller. Sie sollte deshalb entweder von einem älteren Kind oder von einer Lehrperson gespielt werden.

1. Akt

(Der Engelchor singt das Lied „Halleluja" zuerst einmal einstimmig, dann zweistimmig. Danach dirigiert die Chorleiterin Jubilazia weiter. Die Chormitglieder bewegen jedoch nur mehr lautlos die Lippen, damit das Publikum den Dialog von Seraphina und Aurelius gut hören kann. Seraphina, eine kleine Engelputte, schlägt aufgeregt mit ihren Flügeln und dreht sich zu Aurelius hin:)

Pst, Aurelius! Pst! Komm einmal her!
(Aurelius verlässt seinen Platz im Chor und schleicht vorsichtig zu Seraphina hin.)

Sch! Leise Seraphina! Du weißt doch, dass Jubilazia es nicht ausstehen kann, wenn wir bei der Chorprobe schwätzen. **Aurelius**

Pst! Es ist aber wichtig. Ich muss dir unbedingt etwas erzählen.

Was ist los? Erzähl schon! **Aurelius**

Stell dir vor: Unser Chef wird bald Vater!

Was? **Aurelius**

(Jubilazia leitet das Ende des Liedes ein. Dann ruft sie:)

Ruhe da hinten! Hier wird frohlockt und nicht getuschelt. So. Und nun versuchen wir noch einmal das neue Lied, das wir gestern eingeübt haben. Wir werden es vorerst nur summen. Aber gefühlvoll, wenn ich bitten darf!

(Der Engelchor summt nun das Lied „Stille Nacht". Danach singen die Chormitglieder lautlos weiter und bewegen ihre Lippen zum Text von „Stille Nacht".)

Pst! Seraphina! Was hast du gesagt? **Aurelius**

Ich sagte: „Stell dir vor, unser Chef wird Vater!" Schon in wenigen Tagen soll es so weit sein.

Wirklich? **Aurelius**
(Aurelius hält kurz inne und denkt nach.)
He! Moment einmal! Unser Chef ist doch schon lange Vater. Alle Menschen sind Kinder Gottes. Jeder Einzelne da unten ist ihm lieb und kostbar.

Ja, schon. Aber die Menschen glauben das nicht. Wahrscheinlich deshalb, weil sie es sich nicht so richtig vorstellen können. Deshalb will Gottvater ihnen jetzt seinen Sohn auf die Erde schicken, damit sie endlich begreifen, wie gern er sie hat.

Aurelius Wau. Das ist ja ...

(Jubilazia unterbricht aufgebracht die Chorprobe.)

Wer quasselt hier, anstatt zu jubilieren? Natürlich: Das hätte ich mir denken können. Seraphina die Quassel-Putte und Aurelius das Schnatter-Mäulchen. Hört gefälligst auf zu tuscheln und konzentriert euch auf euren Einsatz! Wir müssen nämlich ganz schön üben, wenn wir bis Weihnachten perfekt sein wollen. Schließlich haben wir da einen wichtigen Auftritt.

Raphael
Warum denn das?

Zu Weihnachten wird ein Wunder geschehen. Gott selbst wird auf die Erde kommen und Mensch werden. Und alle Menschen, die sich für ihn öffnen, werden seine große Liebe spüren. Danach wird nichts mehr so sein, wie es war, denn die Zeit der Erlösung beginnt. Und wir werden die Ersten sein, die den Menschen dieses Wunder verkündigen.

(Ein Raunen geht durch den Chor. Alle Chormitglieder rufen wild durcheinander:)

alle
Oh! Super! Ah! Schön!

Angelina
Und wo findet dieses Weihnachten statt?

In Betlehem.

Gabriel
Wo ist denn das?

Betlehem ist eine kleine Stadt in Judäa.

Deodus
Ist es weit bis nach Judäa?

Och, der Weg dorthin ist zwar lang, aber für uns dürfte das kein Problem sein. Wir werden einfach die Himmelsleiter benutzen.

Raphael
Nein, besser die Himmelsrutsche. Mit der geht es viel schneller. Und lustiger ist es auch.

einige Au ja! Das mit der Rutsche ist eine tolle Idee.

Engelbert Bitte Jubilazia! Wir wollen über die Himmelsrutsche nach Betlehem sausen.

Also gut. Meinetwegen. Dann eben über die Himmelsrutsche. Aber jetzt müssen wir weiter üben.

Angelina Vorher möchte ich noch etwas wissen. Für wen sollen wir dort eigentlich singen?

Fligelia Das ist doch klar: Gott wird natürlich in all seiner Herrlichkeit auf die Erde kommen. Deshalb werden wir sicher am Königshof singen. Nicht wahr, Jubilazia?

Nein, nicht am Königshof. Für König Herodes werden wir ganz bestimmt nicht singen.

Deodus Aber für wen denn dann?

Für einige Hirten, die im Freien übernachten und dort ihre Schafe hüten.

Engelbert Was denn? Für einfache Hirten? Und dafür sollen wir so viel üben?

Was gibt es da zu meckern? Die Hirten sind ein musikalisches Volk.

Sanctus Das stimmt. Sie können wirklich gut Flöte spielen.

Aber nicht alle. Und einige von den Hirten sind alles andere als Meistersänger. Da können wir noch alle Mal mithalten. **Gabriel**

Na also. Dann sind wir eh schon perfekt. Was haltet ihr davon, wenn wir die Chorprobe jetzt abbrechen und stattdessen einige Sternschnuppen auf die Erde schicken? **Raphael**

Oh ja, das machen wir! **alle**

Schluss mit dem Unfug! Wir üben unser Halleluja für die Hirten und damit basta.

Aber warum für die Hirten und nicht für den König? **Sanctus**

Weil es Gottes Wille ist. Er hat sich entschieden als ganz einfacher Mensch zu leben. So kann er allen Menschen nahe sein, besonders den Armen. Deshalb sollen die Hirten die Ersten sein, denen wir die frohe Botschaft überbringen.

Na, wenn das so ist, dann singen wir natürlich gerne für die Hirten. **Deodus**

Und ich möchte, dass unser Halleluja laut und klar über die Hügel schallt. Habt ihr verstanden?

Ja, ja. **alle**

Gut. Dann proben wir jetzt also weiter.

(Engelchor wild durcheinander:)
Na, wenn es sein muss. Ja, ja. **alle**

(Jubilazia nimmt ihre Stimmgabel und gibt den Ton an. Der Engelchor singt noch einmal das Halleluja, und der erste Akt ist zu Ende.)

2. Akt

(Die Hirten sitzen am Lagerfeuer und wärmen sich. Die einen spielen Karten, die anderen essen oder schauen nach den Schafen. Elias lehnt neben Johannes. Sein Kopf fällt nach vorne, und er beginnt zu schnarchen.)

Johannes He, Elias! Nicht einschlafen. Wir haben doch heute Nachtschicht.

(Elias gähnt laut und herzhaft.)

Elias Uah. Ich bin aber so müde. Den ganzen Tag bin ich schon hinter den Schafen hergelaufen. Da hätte ich mir eine ruhige Nacht mehr als verdient.

Benjamin Also, wenn es ums Verdienen geht, dann kann ich auch gleich ein wenig mitjammern. Tag und Nacht müssen wir schuften. Und was bekommen wir dafür? Fast nichts. Kaum, dass es zum Überleben reicht.

Jakob Lass gut sein, Benjamin. Jammern hilft nichts. Davon wird es auch nicht besser.

Tobias Hast Recht, Jakob. Wir Hirten können nichts daran ändern, dass die Reichen immer reicher und die Armen immer ärmer werden.

Ja. Aber eines Tages wird alles anders werden. Da wird der Messias kommen und die alte Ordnung über den Haufen werfen. **David**

Ach! Ob der wirklich kommt? Und wenn, dann wird er sich sicher auf die Seite der Reichen stellen, um von dort aus ein bequemes Leben zu führen. **Johannes**

Nein, das glaube ich nicht. Es wird ganz anders sein. Ihr werdet schon sehen. Der Messias wird die Armen nicht vergessen. Er wird kommen und uns aus unserem Elend herausholen. **David**

Und wie soll er das anstellen? Schau dich doch einmal um. Die Römer werden immer dreister, und Kaiser Augustus führt laufend neue Steuern ein, die keiner bezahlen kann. Glaubst du wirklich, deinen Gott kümmert es, wie es uns hier geht? **Simon**

Ja. Mehr noch. Ich glaube, dass er uns richtig gern hat. Und deshalb wird er uns auch den Messias schicken. Genau so, wie er es den Menschen schon lange versprochen hat. **David**

Jetzt hör aber auf, David. Du bist und bleibst ein Träumer, der keine Ahnung vom Leben hat. Und von Gott schon gar nicht. **Simon**

Komm, Simon! Hör auf zu streiten! Lass dem David seine Träume vom Messias. Sie schaden ja niemandem. **Jakob**

Genau. Wir haben ja sonst nichts. Die Träume sollte man uns schon lassen. **Elias**

Bitte, Elias! Spiel uns etwas auf deiner Flöte vor! Dann kommen wir wenigstens auf andere Gedanken. **Jakob**

Elias Also gut. Mir geht heute sowieso schon den ganzen Tag eine Melodie durch den Kopf. Die werde ich euch jetzt vorspielen. *(Elias nimmt seine Flöte zur Hand und fängt an, darauf die Melodie von „Stille Nacht" zu spielen. Plötzlich gibt es ein Getöse. Es wird auf einmal ganz hell, und die Engel fangen an zu singen. Man könnte den Effekt steigern, indem das Engel-Halleluja instrumental begleitet wird oder evtl. bereits vorher auf Tonband aufgenommen wurde und nun laut vorgespielt wird. Die Hirten reiben sich die Augen und fallen auf die Knie.)*

Fürchtet euch nicht, ihr Hirten!

Fligelia Wir sind gekommen, um euch etwas sehr Schönes zu berichten.

Angelina Gott ist Mensch geworden. Und ihr sollt die Ersten sein, die es erfahren.

Engelbert Geht nach Betlehem und sucht nach dem kleinen Jesus!

Sanctus Ihr werdet ihn in einem Stall finden, in einer Futterkrippe, in einfache Windeln gewickelt. Zusammen mit seinen Eltern Maria und Josef wird er da sein und sich über euren Besuch freuen.

Gabriel Der Neugeborene ist der Messias, auf den die Menschen schon so lange gewartet haben.

Deodus Freut euch und jubelt, denn Gott ist groß!

(Nun schwenkt der Scheinwerfer zu Josef, Maria und dem Jesuskind. Es könnte auch einfach die Krippe in der Kirche beleuchtet werden. Das Krippenspiel klingt aus, indem alle gemeinsam – auch die Zuschauer – das Lied „Stille Nacht" singen.)

Weihnachten aus dem Blickwinkel der Kirchenmäuse

Inhalt

Die Kirchenmäuse wundern sich, denn die ganze Kirche wird von oben bis unten durchgeputzt und auf Hochglanz gebracht. Im Altarbereich wird sogar ein geschmückter Tannenbaum aufgestellt. Was soll denn das? Und alle Menschen reden von Weihnachten. Doch die Kirchenmäuse haben keine Ahnung, was es mit diesem geheimnisvollen Weihnachten so auf sich hat. Also beschließen sie, auszuschwärmen, um der Sache auf den Grund zu gehen. Als sie zurückkommen, haben sie die verschiedensten Dinge in Erfahrung gebracht. Doch immer noch gibt ihnen dieses Fest Rätsel auf, besonders seitdem der Pfarrer gesagt hat, dass in der heutigen Zeit Weihnachten vor allem das ist, was jeder Einzelne daraus macht ...

Dauer

Dauer: ca. 15 Minuten

Spieler

20 (leicht auf eine größere Gruppe ausdehnbar)

20 Kirchenmäuse (Fritzi, Frieda, Tipsi, Fips, Polli, Mitzi, Tapsi, Mimi, Stina, Flitzer, Flapsi, Maxi, Mirko, Poldi, Benni, Becki, Nelli, Molli, Nina, Franzi)

Hinweise

Für dieses Theaterstück muss sich jedes Kind als Mäuschen verkleiden. Da die Kostüme alle gleich und relativ leicht herzustellen sind, können die Kinder diese eventuell im Werkunterricht selbst basteln.

1. Akt

(Auf der Bühne tummeln sich 20 Kirchenmäuse. Sie trippeln herum, putzen sich, kratzen sich am Ohr, spielen Fangen, liegen da und rasten usw. Die Szene ändert sich immer wieder, sodass es für die Zuseher(innen) stets etwas Neues zu beobachten gibt.)

Fritzi Was ist heute bloß los? Seit Stunden putzen die nun schon die Kirche. Wie soll eine kleine Kirchenmaus wie ich da schlafen können?

Frieda Mir geht dieser Rummel auch schon auf die Nerven. Besonders das Staubsaugen. Wenn sie nicht bald aufhören, bekomme ich sicher wieder Kopfschmerzen.

Tipsi Brrh. Und mich macht dieses blöde Staubwischen ganz nervös. In jeder Ritze wird herumgestochert. Wenn wir nicht aufpassen, dann erwischen sie uns noch.

Fips Ach, die haben sicher Wichtigeres zu tun, als harmlose Kirchenmäuse zu jagen.

Polli Schaut einmal, was unser Messdiener da anschleppt! Sieht aus wie ein riesengroßer Tannenbaum.

Mitzi Und wer stapft hinterher und wedelt nur geschäftig mit seiner Mappe herum? Natürlich der Herr Pfarrer. Das ist wieder einmal typisch.

Tapsi Lass bloß unseren Herrn Pfarrer in Ruhe! Der hat heute wirklich schon genug geschuftet.

Mimi
Ja, ja. Ist schon gut. Wir wissen eh alle, dass du nichts über den Pfarrer kommen lässt. Schließlich bist du immer die Erste, die ins Pfarrhaus flitzt, um zu sehen, ob er nicht ein paar Krümelchen für uns auf die Seite gelegt hat.

Stina
Nun seid doch einmal still! Ich möchte ein wenig horchen, was die da reden. Vielleicht erfahren wir dann endlich, weswegen sich hier alle so abplagen.

(Alle Mäuse rücken zusammen und halten lauschend ihre Hände hinter die Ohren.)

Flitzer
Habt ihr das gehört? Die haben gesagt, dass morgen Weihnachten ist.

Flapsi
Weihnachten ... Was soll denn das sein?

Maxi
Keine Ahnung. Womöglich ist es ein Putzwettbewerb?

Mirko
Das glaube ich nicht. Wofür wären denn dann die Liederhefte mit den Engeln gut, die unsere Frau Müller gerade in den Kirchenbänken verteilt?

Maxi
Das weiß ich auch nicht. Aber ich finde, schön langsam kann sie es wirklich gut sein lassen. Oder glaubt die tatsächlich, dass unsere Kirche diesmal voll wird?

Poldi
Wohl kaum. Sonst ist unsere Kirche doch auch immer halb leer.

Benni
Pst. Seid ruhig! Die Pfarrersköchin kommt geradewegs auf uns zu. Und sie hat so eine komische Kiste auf dem Arm. Die schaut irgendwie gefährlich aus.

Flapsi Was da wohl drinnen ist?

Becki Na, hoffentlich ist es nicht diese schreckliche Katze, die immer so hungrig vor der Kirche herumschleicht. Die macht sicher nicht einmal vor uns Kirchenmäusen Halt.

alle *(Alle Mäuse schreien erschreckt auf.)*
Iiiiii!
(Sie trippeln aufgeregt hin und her. Dann drängeln sie sich alle in einer Ecke zusammen und ducken sich.)

(Die Maus Nelli macht neugierig Männchen und ruft:)

Nelli Fehlalarm! Da sind nur so komische Holzfiguren drinnen.

Molli Uff! Bin ich froh, dass uns nichts passiert ist. Stellt euch vor! Wenn die Katze uns jetzt gefressen hätte, dann hätten wir womöglich nie herausgefunden, was es mit diesem Weihnachten so auf sich hat.

Nina Nun schaut euch das an! Jetzt nimmt der Messdiener die Holzfiguren aus der Kiste heraus und stellt sie neben dem Seitenalter auf. Hübsch sieht das aus.

Franzi Jö! Und ganz vorne hat er eine Holzkrippe mit Stroh hingestellt. Da drinnen werd ich heute Nacht sicher himmlisch schlafen.

Fritzi Schon besetzt. Pech gehabt.
In der Krippe liegt bereits etwas.

Frieda
Oh, ein Baby! Wie süß! Ob das auch etwas mit Weihnachten zu tun hat?

Fips
Ach, was soll denn ein kleines Baby mit Weihnachten zu tun haben?

Frieda
Na, dann sag mir doch, was Weihnachten ist, wenn du es so genau weißt!

Fips
Äh, äh ...! Ich finde, äh, es sollte sich jeder selbst ein Bild davon machen.

Tipsi
Das ist gar keine so schlechte Idee. Wir schwärmen einfach alle aus und suchen nach Weihnachten.

Polli
Au ja. Das machen wir. Los, wir teilen uns ein wenig auf! Und morgen um dieselbe Zeit treffen wir uns hier wieder!

(Die Mäuse trippeln aufgeregt herum und verlassen die Bühne in den verschiedensten Richtungen.)

2. Akt

(Nacheinander kommen die Mäuse wieder auf die Bühne und eilen dort hin und her. Wie bereits beim ersten Akt widmen sie sich schon bald den verschiedensten Tätigkeiten, damit das Publikum immer etwas Interessantes zum Schauen hat.)

Mitzi
Ich weiß jetzt, was Weihnachten ist. Weihnachten ist die Zeit, wo sich alle Menschen einen geschmückten Tannenbaum ins Wohnzimmer stellen wollen, damit sie seine Kerzen anzünden können.

Tapsi So ein Blödsinn. Weihnachten ist natürlich das Fest der Geschenke. Die Kinder warten schon den ganzen Tag darauf und reden von nichts anderem.

Mimi Genau. Angeblich werden diese Geschenke vom Christkind gebracht. Aber wer das sein soll, das habe ich leider nicht herausfinden können.

Stina Ich auch nicht. Aber das ist wahrscheinlich sowieso egal. Wichtig ist nur, dass genug Schnee da ist. Die Frau Huber hat nämlich gesagt, dass ein Weihnachten ohne Schnee gar kein Weihnachten ist.

alle, außer Flitzer: Oh!

Flitzer: Was habt ihr denn? Wir haben eh genug Schnee. Draußen ist alles weiß, und es schneit dicke, weiße Flocken.

alle: Uff, Glück gehabt!

Flapsi: Ich habe herausgefunden, dass die Menschen zu Weihnachten immer etwas Besonderes essen. Die Vorbereitungen dafür sind schon in vollem Gange. Lauter leckere Sachen werden hergerichtet. Wir sollten später unbedingt noch einmal ausschwärmen und schauen, ob vielleicht irgendwo ein kleiner Rest für uns übrig geblieben ist.

alle: Mmmh! Ja, das sollten wir unbedingt machen.

Maxi: Also, ich habe in Erfahrung gebracht, dass Weihnachten das Fest der Familie ist. Sogar das alte Ehepaar Winkler, das sonst eher selten Besuch bekommt, hatte das Haus voll lieber Gäste. Es war rührend, wie glücklich die beiden Alten inmitten ihrer Verwandten waren.

Mirko: Na, da kann ich aber etwas anderes berichten. Ich war bei der Frau Huber zuhause. Die ist Verkäuferin im großen Einkaufszentrum. Und als sie heute von der Arbeit heimgekommen ist, hat sie gerufen: „Gott sei Dank ist Weihnachten bald vorbei! Viel länger hätte ich diesen Stress und das Weihnachtsgedudel nämlich nicht ausgehalten."

(Auf dem Kassettenrecorder wird nun das Zusammenläuten von Kirchenglocken vorgespielt. Alle Mäuse halten erschrocken inne.)

Poldi Was ist denn jetzt los? Warum läuten plötzlich alle Glocken?

Benni Versteckt euch! Ich glaube, da kommt jemand!

(Die Mäuse ducken sich alle in einer Ecke zusammen. Flapsi macht Männchen und schaut neugierig, was gerade passiert.)

Flapsi Ha! Habt ihr das gesehen? Sämtliche Kirchenbänke sind bereits besetzt, und die Liederhefte sind auch schon alle vergriffen.

Becki Und immer noch kommen neue Kirchgänger dazu. Die meisten bleiben kurz vor der Krippe stehen und schauen hinein.

Frieda Seht ihr! Ich habe ja gleich gesagt, dass dieses Kind etwas mit Weihnachten zu tun hat. Aber mir wollte ja niemand glauben.

Nelli Pst! Jetzt redet der Pfarrer. Mal sehen,
was er zu diesem Thema zu sagen hat.

Molli Habt ihr das gehört? Der hat gesagt, dass Weihnachten auch heute noch stattfindet. Und dass es nur darauf ankommt, was der Einzelne daraus macht.

Nina Also, das verstehe ich jetzt aber nicht.
Was meint sie denn damit?

Poldi Keine Ahnung. Wir Kirchenmäuse müssen ja nicht immer alles verstehen. Aber die Menschen werden schon wissen, was damit gemeint ist.

Franzi: Aber wir könnten nun endlich nachschauen, ob irgendwo ein Weihnachtskeks oder gar ein Stück Weihnachtsbraten für uns übrig geblieben ist.

alle: Au ja, das machen wir! Kommt mit!

Fritzi: Und das Rätsel „Weihnachten“ können gerne andere für uns lösen.

Fips: Na dann:

alle: Frohe Weihnachten und tschüs!

(Die Mäuse verlassen winkend die Bühne.)

Die Herbergssuche

Inhalt Maria und Josef sind auf dem Weg nach Betlehem. Sie brauchen dringend ein Nachtquartier, denn sie sind sehr müde. Zu allem Überfluss haben bei Maria auch noch die Wehen eingesetzt. Sie sehnt sich nach einem Bett, doch alle Herbergen sind belegt. Maria und Josef werden überall abgewiesen, bis sie schließlich im Stall eines befreundeten Wirtes Unterschlupf finden. Und dort passiert noch in derselben Nacht ein großes Wunder.

Dauer ca. 15 Minuten

Spieler 10

Rollen Erzähler(in)

 Maria

 Josef

  Wirt und Wirtin von der „schwarzen Olive“

  der „Palmenwirt“ mit seiner Frau Rebecca

  der Wirt vom „goldenen Ochsen“ mit seiner Frau Judith

 ihr Sohn Benjamin

Erzähler(in)

Weil Kaiser Augustus es befohlen hat, müssen alle Bewohner seines Reiches in Steuerlisten eingetragen werden. Also zieht Josef aus Nazaret mit seiner Verlobten Maria in sein Heimatland Judäa, um sich dort registrieren zu lassen. Es ist ein langer und beschwerlicher Weg. Vor allem für die junge Maria, die ein Kind erwartet.

Ist es noch weit, Josef?

Nein, Maria. Wir sind gleich da.
Siehst du die Lichter dort vorne? Das ist Betlehem.

Gott sei Dank. Ich bin so müde.
Oh! Unser Kind strampelt. Fühl einmal!

(Josef legt seine Hand auf den Bauch von Maria und lächelt.)

Unser Sohn scheint nicht gerade müde zu sein.
So wie der strampelt, könnte man direkt glauben,
dass er noch etwas vor hat.

So geht es schon den ganzen Tag. Einmal boxt er
gegen meine Rippen, dann knufft er mich am Bauch.
Ich glaube, dass es ihm da drinnen langsam zu eng wird.
Und deshalb drängt er nach draußen.

Oha! Dann müssen wir aber schauen, dass wir schleunigst
ein gutes Quartier finden. Bei der Geburt
sollst du es auf jeden Fall warm und bequem haben.

Hauptsache, ich kann mich gleich niederlegen. Mir ist nämlich
ein wenig schlecht und mein Rücken tut mir auch weh.

Komm, Maria! Ich stütze dich. Schau! Da vorne ist die „Herberge zur schwarzen Olive". Da werden wir es versuchen.

(Maria und Josef klopfen zwei Mal an die Tür. Die Tür wird geöffnet, und die Wirtsleute erscheinen.)

Was ist euer Begehr?

Wir suchen ein Nachtquartier.
Meine Frau wird bald ein Kind bekommen.

Es tut uns Leid, aber wir sind schon voll.

Versucht es doch beim Palmenwirt.
Der ist ganz in der Nähe. Viel Glück.

So. Genug geredet. Jetzt müssen wir aber weiter machen.
Wir haben noch viel zu tun.

(Wirt schlägt die Tür zu. Josef und Maria ziehen weiter. Sie gehen eine Runde. Inzwischen wird das Schild entfernt und durch ein neues ersetzt.)

Schau, Maria! Da schimmert ein Licht. Dort vorne muss es sein.

(Josef und Maria gehen zur Tür und klopfen. Der Wirt öffnet die Tür.)

Grüß Gott! Womit kann ich dienen?

Bitte! Wir suchen einen Platz zum Schlafen und zum Ausruhen.

(Wirt dreht sich um und ruft seine Frau.)

Rebecca! Da sind ... äh ... zwei ... Gäste.
Haben wir für die noch ein Zimmer frei?

(Rebecca erscheint, mustert Josef und Maria und schüttelt abwehrend den Kopf.)

Nein. Für die haben wir sicher nichts frei.

(Der Wirt blinzelt Rebecca zu und grinst. Dann wendet er sich wieder an Josef und Maria und reibt sich verlegen die Hände.)

Ihr habt es gehört. Alles besetzt. Bis auf den letzten Platz.

So werden wir wohl weitersuchen müssen. Auf Wiedersehen!

Auf Wiederseh... äh nein.
(Palmenwirt raunt seiner Frau zu:)
Wohl lieber nicht.
(Dann wendet er sich wieder den Herbergsuchenden zu, reibt sich verlegen die Hände und sagt:)
Lebt wohl. Lebt wohl.

(Josef und Maria ziehen weiter. Das Schild wird inzwischen ausgetauscht.)

Komm, Maria! Wir probieren es dort vorne. Wenn ich mich richtig erinnere, dann müsste gleich um die Ecke die Herberge „Zum goldenen Ochsen“ sein.

Weißt du was, Josef? Ich glaube fast, diese Wirtsleute waren froh, uns wieder los zu sein.

Hm. Ein wenig komisch waren die schon. Aber du wirst sehen. Jetzt haben wir mehr Glück. Ich kenne den Wirt vom „Goldenen Ochsen" von früher. Der wird uns nicht abweisen.

(Josef und Maria klopfen. Ein alter Wirt erscheint.)

Shalom! Was kann ich für euch tun?

Shalom, Jakob! Kennst du mich noch? Ich bin der Josef. Und das ist die Maria, meine Verlobte.

(Der Wirt schüttelt Josef und Maria erfreut die Hand.)

Ah, der Josef. Sieh an. Ein stattlicher Mann bist du geworden. Und eine nette Frau hast du bekommen. Wollt ihr etwas essen?

Was meinst du, Maria?

Ein Platz zum Ausruhen wäre uns wichtiger. Wir sind so müde von der Reise, und unser Kind wird bald kommen.

Oh. Ich fürchte, da kann ich euch nicht helfen. Es tut mir wirklich leid. Aber wir sind total überfüllt. Einige Reisende schlafen sogar in der Gaststube, weil rundum alles belegt ist. Da kann ich euch aber auch nicht unterbringen, weil das sicher nicht der richtige Platz ist, um ein Kind zu gebären.
(Wirt dreht sich um und ruft seine Frau.)
Judith! Kommst du einmal?

(Wirtin erscheint und wischt sich ihre Hände an der Schürze ab.)

Ja. Was ist los?

Diese zwei suchen einen Platz,
wo Maria ihr Baby zur Welt bringen kann.

Oje! Das wird schwierig sein. Alle Herbergen sind überfüllt.
Aber lasst mich überlegen ..., ah, mir fällt doch etwas ein.
Ganz in der Nähe ist ein Stall. Da sind im Moment nur ein
Ochse und ein Esel drinnen. Sonst ist er leer.

Könnt ihr euch das vorstellen? Es ist zwar kein Zimmer.
Aber ihr hättet dort eure Ruhe. Und warm ist es da auch.

Es bleibt uns wohl nichts anderes übrig?

Ja. Wir nehmen den Stall. Dann muss ich unser Kind
wenigstens nicht unter freiem Himmel zur Welt bringen.

Wartet! Ich werde euch unseren Sohn mitschicken. Der wird
euch den Weg weisen. Benjamin! Kommst du einmal?

(Benjamin kommt angelaufen.)

Benjamin! Bitte bringe Josef und Maria
zu unserem Stall auf dem Feld.

Und nimm einige Tücher mit und zwei Decken und einen
Kübel mit heißem Wasser. Das werden sie brauchen.

Und wenn ihr sonst noch etwas braucht,
dann komm einfach und hole es, Josef!
Ich wünsche euch alles Gute. Shalom!

Hab Dank, Jakob. Shalom! Komm Maria! Ich helfe dir.

(Benjamin verstaut die Decken in einem Rucksack und schnallt diesen auf seinen Rücken. Den Kübel trägt er in der einen Hand, und in der anderen hält er eine Laterne, mit der er den Weg beleuchtet. Josef und Maria gehen hinter ihm her und drehen eine Runde. Inzwischen wird schnell der „Stall“ hergerichtet.)

So. Hier sind wir. Die Decken und Tücher lege ich euch auf den großen Strohballen. Den Wasserkübel stelle ich neben die Krippe. Und meine Laterne lasse ich euch auch da. Vielleicht könnt ihr sie brauchen.

Endlich ein Platz, wo wir bleiben können. Danke, Benjamin.

(Benjamin wendet sich unschlüssig ab.)

Ich gehe dann einmal. Ihr wollt jetzt sicher allein sein. Viel Glück und alles Gute!

Erzähler(in)

Es wird noch eine lange Nacht für Josef und vor allem für Maria. Aber schließlich ist es vollbracht. Der kleine Jesus wird geboren.

(Auf dem Kassettenrecorder kann nun Babygeschrei vorgespielt werden.)

Erzähler(in)

Auf dem nahe gelegenen Feld lagern Hirten. Ihnen erscheinen Engel und verkündigen die Geburt des Messias. Die Hirten eilen freudig herbei, um das Baby willkommen zu heißen. Und alle staunen über das Wunder, das in dieser Nacht geschehen ist.

Ein Weihnachtstraum

Inhalt Frau Kruse hat Weihnachtskekse gebacken. Die Lebkuchen sind besonders gut geworden. Doch wahrscheinlich wird Frau Kruses Tochter Barbara auch heuer nicht vorbeikommen, um sich an ihren Lieblingskeksen zu erfreuen. Seit einem Streit vor drei Jahren haben sich Mutter und Tochter nicht mehr gesehen. Beide sind traurig darüber, doch keine macht den ersten Schritt zur Versöhnung. So kann das nicht mehr weitergehen. Also macht sich ein Lebkuchen auf den Weg zu Barbara, um eine Versöhnung herbeizuführen. Doch bevor er bei Barbara ankommt, muss er des Öfteren Reißaus nehmen, denn die verschiedensten Tiere stellen ihm nach, weil sie ihn aufessen wollen.

Dauer ca. 15 Minuten

Spieler 15

Rollen Erzähler(in)

 Frau Kruse

 Tochter Barbara

 2 Katzen (Schnurr, Mirko)

 6 Hennen (Berta, Gerti, Maija, Helma, Herta, Irmi)

 3 Hunde (Hugo, Bello, Rex)

das Lebkuchenmännchen 

1. Akt

(Alle singen das Lied „Fröhliche Weihnacht".)

Erzähler(in)

Frau Kruse hat Weihnachtskekse gebacken. Im ganzen Haus duftet es verführerisch. Die Lebkuchen sind wunderschön geworden. Aufwändig verziert liegen sie da und warten nur noch darauf, von Frau Kruses Tochter Barbara verzehrt zu werden. Doch Barbara wird wohl auch dieses Jahr nicht vorbeikommen. Seit diesem schrecklichen Streit vor drei Jahren hat sie sich kein einziges Mal mehr blicken lassen.

(Frau Kruse setzt sich auf ihr Bett und gähnt.)

Uah. Bin ich müde vom Keksebacken. Barbara hatte früher oft Angst, dass ihr jemand ihre Lieblingskekse wegessen könnte. In ihrer Phantasie waren sogar Katzen, Hunde oder Hühner hinter ihren Lebkuchen her. Jaja. Damals war Barbara ein kleines Kind und die Welt noch in Ordnung. Ob mich Barbara dieses Jahr zu Weihnachten wohl besuchen wird? Hm. Wahrscheinlich nicht. So dickköpfig wie die ist.

(Frau Kruse legt sich nieder und deckt sich zu.)
Dann soll sie es doch bleiben lassen und ich esse meine Kekse eben alleine. Ich werde mich jedenfalls auf keinen Fall entschuldigen. Schließlich bin ich im Recht.

(Frau Kruse macht die Augen zu und fängt an zu schnarchen.)

(Ein Lebkuchen beginnt sich zu bewegen und steht auf. Er reckt und streckt sich, dann dreht er sich und schaut zufrieden an sich herunter.)

Hm. Was bin ich doch schön geworden. Diese Mandeln passen zu mir. Und erst der Zuckerguss. Der macht das Ganze perfekt. Barbara wird begeistert sein.

(Da kommen die zwei Katzen von Frau Kruse daher und schnüffeln neugierig am Lebkuchen herum.)

Schnurr Miau, miau. Wer bist denn du?

Ich bin ein Lebkuchen. Das sieht man doch.

Mirko Miau, miau. Du siehst aber lecker aus.
Dürfen wir ein Stück von dir abbeißen?

(Der Kater kommt ganz nahe heran und tippt mit seiner Pfote an den Lebkuchen.)

Pfoten weg! Ich bin für Barbara bestimmt und nicht für euch.

(Nun schleichen beide Katzen um den Lebkuchen herum und lecken sich genießerisch das Maul.)

Schnurr Ach. Barbara kommt sowieso nicht wieder heim. Letztes und vorletztes Jahr hat ihre Mutter auch umsonst gewartet. Komm schon her und lass dich von uns aufessen!

(Die Katzen reißen das Maul auf und nähern sich dem Lebkuchen.)

Nein!

(Der Lebkuchen weicht zurück.)

Doch! Warte nur! Gleich haben wir dich. **Mirko**

(Die Katzen ducken sich zum Sprung.
Der Lebkuchen dreht sich um und läuft davon.)

Hilfe!

(Die Katzen laufen hinter ihm her
und verlassen mit dem Lebkuchen die Bühne.)

2. Akt

(Der Lebkuchen ist ganz außer Atem. Vorsichtig schaut er sich um.)

Uff. Endlich habe ich diese gierigen Katzen abgehängt.
Ein Glück, dass ich so schnell laufen kann.

*(Der Lebkuchen geht noch einige Meter weiter.
Da kommen sechs Hühner daher.)*

Berta Gack, gack, gack, gack, gack. Schaut einmal! Ein Lebkuchen.

Gerti Hm, und wie der duftet. Gack, gack, gack.

Maija Du kommst uns gerade recht. Gack, gack, gack, gack.
Als Abendessen bist du sicher köstlich.

Nichts da. Ich bin für Barbara bestimmt.

Helma Gack, gack, gack. Ach! Hab dich doch nicht so! Womöglich will die Barbara von Lebkuchen mittlerweile gar nichts mehr wissen. Wir essen dich besser gleich auf.

(Der Lebkuchen läuft davon. Dabei schreit er:)

Nein! Lasst mich in Ruhe und
sucht euch gefälligst ein anderes Abendessen!

*(Der Lebkuchen läuft einmal im Kreis. Die Hennen laufen ihm gackernd nach. Doch sie können ihn nicht einholen. Der Lebkuchen läuft noch einen Kreis, dann versteckt er sich irgendwo.
Die Hennen laufen ratlos hin und her.)*

Herta Gack, gack, gack. Wo ist er denn jetzt?

Irmi Wahrscheinlich da entlang. Gack, gack, gack, gack.

(Irmi zeigt mit ihrem Flügel in eine Richtung, die von der Bühne wegführt. Alle Hennen laufen gackernd in diese Richtung und verlassen die Bühne.)

(Der Lebkuchen schaut vorsichtig hinter seinem Versteck hervor, und als er sich vergewissert hat, dass die Luft rein ist, macht er sich wieder auf den Weg. Dabei pfeift er einige Takte vom Lied „Fröhliche Weihnacht" vor sich hin. Bald darauf verfolgen drei Hunde die Fährte des Lebkuchens. Aufgeregt schnüffeln sie am Boden und halten nach dem Lebkuchen Ausschau.)

Hugo Hm. Da riecht es irgendwie nach Weihnachten. Wuff, wuff.

Bello Ja. Wuff, wuff. Womöglich ist hier schon das Christkind vorbeigekommen?

Rex Wuff, wuff, wuff. Nein, viel besser. Dort vorne spaziert ein Lebkuchen. Los! Den schnappen wir uns.

(Laut bellend laufen die Hunde dem Lebkuchen nach. Doch dieser dreht sich zu den Hunden um und schreit:)

Denkt ihr denn alle nur ans Essen? Als ob es einzig darauf ankäme! Lasst mich doch in Ruhe! Ich bin für jemand ganz anderen bestimmt.

(Schnell nimmt der Lebkuchen Reißaus und verlässt mit seinen Verfolgern im Schlepptau die Bühne.)

3. Akt

(Der Lebkuchen kommt zu einem Haus. Auf dem Türschild steht Barbara Kruse. Er bleibt stehen und beugt sich zum Türschild hin.)

Aha. Da steht: Barbara Kruse. Hier bin ich richtig. Jetzt werde ich anklopfen und Barbara sagen, dass ich ein Versöhnungskeks bin. Und wenn Barbara mich erst einmal angehört hat, dann wird sie sich sicher bald mit ihrer Mutter aussöhnen.

(Der Lebkuchen klopft an die Tür.
Diese öffnet sich und Barbara kommt heraus.)

Hallo! Wer bist denn du?

Ich bin ein Lebkuchen. Sieht man das etwa nicht?

Äh, doch. Ich bin nur ein wenig verwirrt, weil du mir so bekannt vorkommst. Solche Lebkuchen hat meine Mutter früher auch immer gemacht – extra für mich. Aber das ist schon lange her. Jetzt denkt sie wahrscheinlich nicht einmal mehr an mich.

Woher willst du das wissen?

Weil sie sich nie bei mir gemeldet hat. Ich warte nun schon das dritte Jahr darauf, dass sie mich einmal anruft oder mir wenigstens eine Karte schreibt. Aber wie es aussieht, wird auch dieses Weihnachtsfest verstreichen, ohne dass sie mit mir Kontakt aufnimmt. Kein Wunder. So nachtragend, wie die ist ...

Vielleicht fällt es ihr einfach schwer, den ersten Schritt zu tun. Aber eines solltest du schon wissen. Deine Mutter hat heute den ganzen Nachmittag lang Weihnachtskekse gebacken. Bei den Lebkuchen hat sie sich besonders viel Mühe gegeben. Und dabei hat sie die ganze Zeit nur an dich gedacht.

Wirklich? Vielleicht sollte ich sie doch einmal anrufen. Womöglich wartet sie sogar darauf. Sie fehlt mir nämlich sehr, besonders jetzt zu Weihnachten. Warte! Ich komme gleich wieder.

(Barbara geht ins Haus zurück und schließt die Tür.)

So. Nun muss ich aber schleunigst zurück. Meine Aufgabe hier ist erfüllt. Jetzt kommt es nur noch auf die beiden an. Hoffentlich finden sie doch noch einen Weg zueinander.

(Der Lebkuchen geht von der Bühne ab.)

4. Akt

(Frau Kruse liegt immer noch schnarchend im Bett. Als der Wecker klingelt, wacht sie auf. Sie reckt und streckt sich und gähnt.)

Uah. Habe ich schön geträumt. Von meiner Tochter Barbara. Sie hat gesagt, dass ich ihr fehle und dass sie mich bald anrufen wird. Ach, wäre das schön.

(Frau Kruse steigt aus dem Bett und schlüpft in ihre Pantoffeln.)

Da fällt mir ein: Meine Tochter hat im Traum auch gesagt, dass sie seit drei Jahren auf einen Anruf oder eine Karte von mir wartet. Oje! Ganz traurig hat sie dabei ausgesehen. Was soll ich jetzt bloß machen?

(Frau Kruse geht hin und her und bleibt schließlich vor dem Telefon stehen.)

Es hilft alles nichts. Ich werde sie einfach anrufen müssen. Wer weiß: Vielleicht freut sie sich wirklich darüber …

(Frau Kruse nimmt den Hörer in die Hand und fängt an zu wählen. Zum Ausklang wird das Lied „Fröhliche Weihnacht" gesungen.)

Ihr Kinderlein kommet

Inhalt

Die Kinder von Betlehem wollen etwas erleben. Also beschließen sie, die Hirten zu besuchen, um ihnen ein wenig beim Schafehüten zu helfen. Doch ausgerechnet in dieser Nacht wird der Messias geboren. Die Kinder sind begeistert und wollen sogleich mit den Hirten zum Stall eilen, um dort das Christkind willkommen zu heißen. Doch die Hirten verbieten es, weil Kinder dort angeblich nichts verloren haben. Zum Glück rettet ein Engel die Situation und sorgt dafür, dass die Kinder schließlich doch noch zur Krippe kommen.

Dauer

ca. 20 Minuten

Spieler

25 (leicht veränderbar auf eine kleinere Gruppe)

7 Kinder (Jakob, Mira, Rebekka, Paul, Judith, Hannes, Sarah)

10 Hirten (Jeremias, Elias, Matthias, Lukas, Markus, Simon, Judas, Samuel, David, Matthäus)

sechs Engel (Sanctus, Engelbert, Angelina, Fligelia, Harfedicus, Jubilazia)

evtl. noch Maria und Josef

Hinweise

Bei diesem Krippenspiel wird immer wieder das Lied „Ihr Kinderlein kommet" gesungen. Schön wäre es, wenn das Publikum mitsingt.

1. Akt

(Die Kinder spielen „Tempelhüpfen". Jakob hüpft auf einem Bein drei Schritte vor, landet auf zwei Beinen, dreht sich um und hüpft seitlich ab.)

Jakob So Mira; jetzt bist du an der Reihe.

Mira Ich mag nicht mehr Tempelhüpfen. Das ist langweilig.

Jakob Was sollen wir denn sonst machen?

Rebekka Wir könnten ein wenig in die Stadt gehen und die vielen fremden Leute beobachten, die heute neu eingetroffen sind.

Mira Au ja! Das wird lustig.

Paul Klasse. Seit Kaiser Augustus diese Volkszählung angeordnet hat, ist beim Stadtplatz immer etwas los.

Judith Vielleicht bekommen wir sogar ein paar Münzen,
wenn wir jemandem ein gutes Gasthaus empfehlen können.

Jakob Das ist eine gute Idee.

Hannes Aber Mama hat es doch verboten. Sie sagt, dass wir am Abend nicht mehr in die Stadt gehen dürfen, weil sich dort momentan zu viele römische Soldaten herumtreiben.

Judith Och! Schade! Was machen wir denn dann?

Sarah: Was haltet ihr davon, wenn wir Großvater Elias auf dem Feld besuchen gehen und ihm beim Schafehüten helfen?

alle: Ja. Das machen wir. Kommt, wir gehen!

(Die Kinder gehen alle von der Bühne ab.)

2. Akt

(Die Hirten sitzen oder liegen am Lagerfeuer. Jeremias, Matthias und Elias essen, die anderen schlafen.)

Jeremias: Will noch jemand ein Brot haben?

Elias: Nein, danke. Ich bin schon satt.

Matthias: Und ich habe keine Zeit mehr. Ich muss wieder nach den Schafen sehen.

Jeremias: Auch gut. Dann packe ich es für die nächste Jause ein.

(Jeremias verstaut das Brot in seiner Hirtentasche. Plötzlich wird es ganz hell, und drei Engel erscheinen. Die Hirten fallen auf die Knie.)

Sanctus: Fürchtet euch nicht, ihr Hirten!

Engelbert: Wir verkünden euch eine große Freude.

Angelina: Freut euch, denn der Messias ist heute geboren!

Sanctus Jubelt, ihr Hirten, denn Gott ist groß!

Engelbert Geht hinunter nach Betlehem!
Dort werdet ihr das Kind mit seinen Eltern finden.

Angelina Sie sind in einem einfachen Stall. Der kleine Jesus liegt in Windeln gewickelt in einer Krippe und freut sich auf euren Besuch.

Sanctus Wir fliegen schon einmal voraus und warten dort auf euch.

alle Ehre sei Gott in der Höhe!

(Die Engel „flattern" davon, und das gleißende Licht verschwindet. Die Hirten reiben sich verwundert die Augen.)

Lukas Potzblitz! Was war das?

Markus Habe ich das alles nur geträumt,
oder habt ihr auch drei Engel gesehen?

Simon Na, falls du geträumt hast, hatte ich gerade denselben Traum.

Judas Nein. Ihr habt nicht geträumt. Die Engel waren wirklich da!

Samuel Und haben sie tatsächlich gesagt, dass wir zum Messias dürfen?

Lukas Ja. Los! Wir müssen ihn suchen!

Markus Aber was sind denn das für Manieren? Zuerst müssen wir uns doch überlegen, was wir dem kleinen Jesus und seinen Eltern mitbringen könnten.

Simon: Du hast Recht. Wenn die nämlich wirklich so arm sind, dass sie sogar mit einem Stall vorlieb nehmen müssen, dann können sie einige Geschenke sicher gut gebrauchen.

David: Hier ist ein Brot. Das nehmen wir ihnen mit.

Matthias: Und da habe ich einen Laib Käse. Den packen wir dazu.

Elias: Und dieses Fell dürfen wir auch nicht vergessen. Es soll das Kind schön warmhalten.

Lukas: Ich hole noch schnell eine Kanne Milch. Die ist sicher recht.

Samuel: Und ich steuere zwei Bündel Kräuter bei. Die werden der jungen Mutter zu neuen Kräften verhelfen.

Markus: Schaut! Da habe ich ein Päckchen Schnupftabak. Das soll den stolzen Vater erfreuen.

David: Beeilt euch! Wir müssen endlich gehen.

Judas: Und wer passt inzwischen auf unsere Schafe auf?

Matthäus: Oh! Das ist eine gute Frage.

Judas: Wir können sie hier ja nicht so einfach allein lassen.

Matthäus: Aber mitnehmen können wir sie auch nicht.

Jeremias: Was sollen wir nur tun?

3. Akt

(Die Kinder wandern langsam heran.)

Rebekka Ist es noch weit?

Sarah Nein, Rebekka. Wir sind bald da.
Da vorne, hinter dem großen Hügel müsste es sein.

(Man hört das leise Blöken der Schafe.)

Mira Jetzt höre ich schon die Schafe.
Da können die Hirten auch nicht mehr weit sein.

Jakob Großvater Elias! Wo bist du?

(Der Hirte Elias kommt gelaufen und blickt suchend umher.)

Elias Ja, wen habe ich denn da gehört? Bist du das, Jakob?

(Die anderen Hirten folgen ihm und bleiben vor den Kindern stehen.)

alle Oh! Was macht ihr denn da, Kinder?

Simon Euch schickt der Himmel!

Mira Wieso denn das?

Lukas Na, das ist doch klar. Nun könnt ihr die Schafe hüten,
während wir den Messias besuchen gehen.

Judas: Das ist eine gute Idee.

Hannes: Jetzt verstehe ich gar nichts mehr.
Wen wollt ihr mitten in der Nacht suchen gehen?

David: Den Messias.

Paul: Was? Ist das wirklich wahr?

Matthias: Ja. Stellt euch vor! Heute wurde der kleine Jesus geboren.

Markus: Und nicht einmal weit von hier entfernt.
In einem Stall in Betlehem soll er sein.

Judith: Und woher wollt ihr das wissen?

Samuel: Von den drei Engeln, die bei uns waren.
Die haben es uns erzählt.

Paul: Wau!

Simon: Und nicht nur das. Sie haben sogar gesagt,
dass wir ihn besuchen sollen.

Rebekka: Toll! Wir kommen auch mit.

Samuel: Nein, die können dort sicher keine Kinder gebrauchen.

Elias: Genau. Ihr bleibt hier und passt inzwischen auf die Schafe auf.

Mira: Aber ...

Markus Keine Widerrede! So wird es gemacht und damit basta.

Lukas Kommt! Wir müssen los. Die Engel fragen sich sicher schon, wo wir so lange bleiben.

(Die Hirten eilen fort, und die Kinder bleiben zurück.)

4. Akt

(Alle singen die erste Strophe des Liedes „Ihr Kinderlein kommet".)

Jakob Das ist ungerecht: Die Hirten dürfen zum Messias,
und wir müssen hier draußen bei den Schafen bleiben.

Rebekka Die sind jetzt sicher schon beim kleinen Jesus
und lassen es sich gut gehen.

Judith Und was der Samuel gesagt hat, das stimmt gar nicht. Woher will der wissen, dass die dort keine Kinder brauchen können?

Mira Genau! Schließlich ist der Messias doch auch noch ein Kind!

Hannes Aber dann ist ja gar niemand da,
der mit dem kleinen Jesus spielt.

Paul Der Arme! Als einziges Kind unter lauter Erwachsenen ...
Wahrscheinlich ist dem Kleinen schon ganz langweilig.

Sarah Wir müssen ihm helfen! Kommt,
wir gehen zu ihm und singen ihm etwas vor!

Und was machen wir inzwischen mit den Schafen? **Rebekka**

Die nehmen wir einfach mit. **Jakob**

Ach Quatsch! Dann brauchen wir ja ewig,
bis wir beim Messias sind. **Hannes**

Gut, dann lassen wir sie eben da. **Sarah**

Aber wenn nun ein Schaf verloren geht? **Paul**

Oder wenn ein Wolf kommt und eines auffrisst? **Mira**

Dann bekommen wir großen Ärger. **Rebekka**

*(Da erscheinen drei Engel in gleißendem Licht.
Die Kinder drängeln sich scheu aneinander.
Aber die Engel gehen auf sie zu und beschwichtigen sie.)*

Fürchtet euch nicht, liebe Kinder!
Euren Schafen wird heute nichts passieren. **Fligelia**

In dieser besonderen Nacht sind alle Wölfe zahm,
und niemand wird den Schwachen etwas zuleide tun. **Harfedicus**

Denn der Messias ist geboren,
und er hat den Frieden mitgebracht. **Jubilazia**

Und nun geht schnell zum kleinen Jesus!
Er freut sich schon auf euch. **Fligelia**

Harfedicus Ehre sei Gott in der Höhe!

Jubilazia Und Friede den Menschen seiner Gnade.

(Die Engel verschwinden und mit ihnen das gleißende Licht. Die Kinder machen sich freudig auf den Weg nach Betlehem.)
(Alle singen die erste Strophe des Liedes „Ihr Kinderlein kommet".)

5. Akt

(Krippenszene mit Josef, Maria und dem Jesuskind. Die Engel sind ebenso da wie die Hirten.)
(Inzwischen kommen die Kinder daher und versammeln sich vor der Krippe. Nun wird auch noch die zweite Strophe von „Ihr Kinderlein kommet" gesungen, und das Krippenspiel ist zu Ende.)

Die Weisen aus dem Morgenland

Inhalt

Drei Gelehrte wundern sich über einen geheimnisvollen Stern, den sie noch nie zuvor gesehen haben. In ihren Schriften finden sie einen Hinweis auf den Messias. Sogleich machen sie sich auf die Suche nach ihm und folgen dem hellen Licht. Doch als sie schließlich beim Stall in Betlehem ankommen und das Kind in der Krippe sehen, kommen ihnen Zweifel: Ob sie hier wirklich richtig sind? Den König der Welt haben sie sich jedenfalls ganz anders vorgestellt...

Dauer

Dauer: ca. 5 bis 10 Minuten

Spieler

4 (plus beliebig viele, die beim Schattentheater mitspielen)

Rollen

Erzähler(in)

Kaspar 

Melchior 

Balthasar 

Hinweise

Die Aufführung findet in Form eines *Schattentheaters* statt. Der in Reimform geschriebene Text muss von den Kindern nicht auswendig gelernt werden. Sie können ihn einfach vom Blatt ablesen.

(Szene 1: Der Stern geht auf.)

Erzähler(in)

Einst entdeckten drei gelehrte Herrn
von weit, weit her
am Himmel einen seltsamen Stern
und wunderten sich sehr.

(Szene 2: Melchior schaut mit dem Fernrohr zum Himmel.)

„Beim Jupiter! Was kann das sein?“,

Erzähler(in)

sagte der Herr Melchior.

„Der Stern hat so einen hellen Schein.
Kommt fast wie ein Komet mir vor.“

(Szene 3: Balthasar kommt ins Bild.)

Erzähler(in)

Auch der Balthasar konnte es kaum fassen,
so etwas hatte er noch nie geseh'n.
Es wollte ihm keine Ruhe lassen
und er fragte sich:

„Was ist da gescheh'n?“

(Szene 4: Balthasar reißt fragend die Hände in die Höhe.)

Erzähler(in)

Selbst der dritte Herr vom Morgenland
kratzte sich ratlos am Ohr.
(Szene 5: Kaspar kratzt sich am Ohr.)
Doch als er die Schriften von Jesaja fand,
stieß er einen Schrei hervor:

(Szene 6: Kaspar liest in der Schriftrolle.)

Er rief: **Erzähler(in)**

„Kommt schnell zu mir herein!
Hier steht: Er ist das Licht der Welt.
Mit ihm wird alles anders sein;
durch ihn ist die Nacht erhellt."

„Oh Gott! Jetzt wird mir alles klar.
Der Retter ist geboren!",

rief hoch erfreut der Balthasar **Erzähler(in)**
und gab dem Pferd die Sporen.

(Szene 7: Balthasar reitet davon.)

Aufgeregt ritt er davon, **Erzähler(in)**
und blieb nicht lang allein.
Denn auch die andern Herrn aus Babylon
folgten rasch des Sternes Schein.

(Szene 8: Kaspar und Melchior reiten ihm nach.)

Als sie nach Judäa kamen, **Erzähler(in)**
wähnten sie sich schon am Ziel.
Im Schloss ließ sich der Herrscher erahnen,
doch König Herodes wusste nicht viel.

*(Szene 9: Schloss wird ins Bild gerückt,
und/oder Herodes zuckt mit den Schultern.)*

Erzähler(in) Sie fragten sich nach alledem:

„Wo ist der König? Wo?“,

Erzähler(in) und fanden ihn in Betlehem
in einem Stall auf Stroh.

(Szene 10: Stall wird gezeigt; darüber steht der Stern.)

Erzähler(in) Ganz klein und unscheinbar
lag er dort, der Herr der Welt.
Da meckerte der Balthasar:

(Szene 11: Ein kleines Kind liegt in der Krippe.)

„Den habe ich mir aber anders vorgestellt!“

„Ob wir hier wirklich richtig sind?“,

Erzähler(in) fragte sich der Melchior.
Da lächelte das Jesuskind
und schaute keck empor.

(Szene 12: Kaspar kommt zur Krippe.)

Erzähler(in) Der Kaspar ging zur Krippe hin
und rief laut:

„Oh, er lacht!“

Erzähler(in) Dann kam ihm wieder in den Sinn:

„Ich hab' was mitgebracht." 

(Szene 13: Kaspar überreicht sein Geschenk.)

Erzähler(in)

Ganz plötzlich merkten alle drei,
dass sie wie verwandelt waren.
Sie fühlten sich von Sorgen frei
und viel besser als seit Jahren.

(Szene 14: Die Weisen knien sich nieder.)

Erzähler(in)

Da knieten sie sich alle hin
und sagten ganz benommen:

„So groß bist du, seit Anbeginn:
Du König, sei willkommen!" 

Ein Geschenk für das Christkind

Inhalt Während Sandra ihren Wunschbrief für das Christkind schreibt und dabei hofft, dass sie auf ihrer Liste nichts vergessen hat, behauptet ihre Großmutter, dass dem Christkind die Geschenke gar nicht so wichtig sind. Zur Bestätigung erzählt sie Sandra eine Geschichte: Damals, als die Hirten von der Geburt des Messias erfuhren, überlegte sich jeder, was er dem Jesuskind mitbringen könne, und machte sich mit diesem Geschenk auf den Weg zum Stall. So kostbar beladen hatten die Hirten natürlich keine Zeit für die hungrige Bettlerin, den frierenden alten Mann oder das weinende Kind, das seine Laterne verloren hatte. In jener Nacht blieb nur der Hirte Michael bei den Hilfesuchenden stehen, um ihnen zu helfen. Als er dann endlich bei der Krippe eintraf, stand er mit leeren Händen da, denn seine Geschenke hatte er schon alle vergeben ...

Dauer ca. 25 Minuten

Spieler 16 (relativ leicht auf eine größere Gruppe ausdehnbar)

Oma Krause

Sandra

8 Hirten (Simon, Johannes, Jeremias, Matthias, Jakobus, Samuel, Markus, Michael)

Bettlerin

alter Mann 

weinendes Kind 

Maria und Josef 

Engel 

Hinweise

Der Hirte Markus sollte Flöte spielen können.

1. Akt

(Oma Krause sitzt auf ihrem Schaukelstuhl und strickt. Sandra hockt neben ihr am Boden, kaut an ihrem Kugelschreiber herum und denkt nach. Schließlich nimmt sie ihren Block und beginnt zu schreiben. Dabei liest sie laut mit:)

Liebes Christkind! Heuer wünsche ich mir von dir eine Schibrille. Am liebsten wäre mir eine mit roter Leuchtumrandung. Die ist nämlich echt cool. Dann hätte ich noch gerne einen kleinen Goldfisch, damit meinem Nino im Aquarium nicht so langweilig ist. Der alte Schianzug ist mir auch schon fast zu klein. Deshalb brauche ich bis Weihnachten unbedingt einen neuen. Und nun, liebstes Christkind, kommt mein allergrößter Wunsch. Den schreibe ich dir ganz zum Schluss auf, damit du ihn ja nicht vergisst. Also: Am meisten wünsche ich mir von dir einen ...

(Sie schaut auf, kaut unschlüssig auf ihrem Kuli herum und ruft ihrer Oma zu:)
Du, Oma! Wie schreibt man eigentlich Gameboy?

(Oma Krause lässt ihr Strickzeug sinken und buchstabiert langsam:)

G a m e b o y

(Sandra schreibt eifrig mit und murmelt halblaut:)

Danke, Oma.

Wofür brauchst du das denn, Sandra?
Löst du etwa gar ein Kreuzworträtsel?

Aber nein. Ich schreibe gerade meinen Wunschzettel für das Christkind.
(Sandra kritzelt noch ein wenig weiter. Dann legt sie Kuli und Block auf die Seite und sagt:)
So, fertig! Hast du deinen Wunschzettel auch schon geschrieben, Oma?

Nein, ich schreibe nie einen.

Aber so weiß das Christkind doch gar nicht, was du dir wünschst. Und dann bringt es dir vielleicht lauter Geschenke, die du gar nicht brauchen kannst. Oder noch schlimmer, womöglich gar keine.

Och. Das ist egal. Die Geschenke sind mir nicht so wichtig und dem Christkind wahrscheinlich auch nicht ...

Was? Aber ...

Nichts aber! Immerhin feiern wir zu Weihnachten den Geburtstag vom Christkind. Und es wäre wirklich traurig, wenn dem Christkind die Geschenke auch so wichtig wären wie dir. Stell dir vor! Dann wäre es womöglich noch enttäuscht, weil es gar keine bekommt. Oder hast du dir vielleicht schon einmal Gedanken darüber gemacht, was du dem Christkind zum Geburtstag schenken könntest?

Äh. Nein, habe ich nicht!

Na siehst du, ich auch nicht! Aber die Hirten damals, die haben sich schon Gedanken darüber gemacht und sich bemüht, ein schönes Geschenk für das Christkind zu finden.

Wirklich?

Ja, kennst du diese Geschichte womöglich noch gar nicht?

Nein.

Dann muss ich sie dir gleich erzählen.
Komm! Mach es dir bequem und hör mir gut zu!

(Sandra holt eine Decke und macht es sich gemütlich. Erst dann beginnt die Großmutter zu erzählen.)

Vor mehr als 2000 Jahren erfuhren die Hirten von den Engeln, dass der Messias geboren worden war. Sie waren vor Freude außer sich. Gerade wollten sie sich auf den Weg zum kleinen Jesus machen, da fiel ihnen noch etwas Wichtiges ein.

2. Akt

(Die Hirten haben sich auf dem Feld versammelt und sind noch ganz durcheinander. Johannes und Jeremias marschieren schon davon. Doch der alte Simon ruft sie zurück.)

Simon He! Bleibt doch stehen!

(Johannes und Jeremias bleiben stehen und drehen sich zu Simon um.)

Johannes Was hast du denn?

Simon Ihr könnt doch nicht so einfach davonrennen!

Jeremias Ja, warum denn nicht? Wir wissen doch, wo der Stall ist.

Simon Das glaube ich euch sogar. Aber wollt ihr dort wirklich mit leeren Händen ankommen?

Johannes Oh. Daran habe ich jetzt gar nicht gedacht. Du etwa, Jeremias?

Jeremias Nein, das habe ich in meiner Freude total vergessen. Wie gut, dass du uns daran erinnert hast, Simon.

(Der Hirte Matthias wendet sich an die anderen Hirten und fragt:)

Matthias Wisst ihr schon alle,
was ihr dem kleinen Jesus schenken werdet?

Jakobus Also, ich gebe ihm das kleine Holzschaf,
das ich letzte Woche geschnitzt habe.

Und ich bringe ihm ein warmes Fell mit, damit er es schön warm hat. — **Samuel**

Ich werde meine Flöte einpacken und dem kleinen Hosenmatz damit ein Schlaflied vorspielen. — **Markus**

Und ich werde ihm einen großen Laib Brot überreichen. Ich weiß schon, dass der Kleine damit noch nichts anfangen kann. Aber seine Eltern haben sicher auch Hunger und sollen sich daran satt essen können. — **Simon**

Das ist eine gute Idee. Dann werde ich ihnen ein Stück Butter dazu legen, damit das Brot noch besser schmeckt. — **Jeremias**

Und ich steuere meinen Ziegenkäse bei. Dann wird das Ganze zu einem Festmahl. — **Matthias**

Was könnte ich denn mitbringen? Ah, ich weiß. Ich werde der Mutter des Kindes einen Blumenstrauß pflücken. — **Johannes**

Und ich will der Heiligen Familie meine Laterne schenken. Aber vorher muss ich sie noch polieren, damit sie wieder so hell leuchtet wie früher. Das wird ein schönes Stück Arbeit geben. — **Michael**

(Der Hirte Michael holt seine alte Laterne hervor, haucht die Scheibe an, kramt nach seinem Taschentuch und fängt damit an zu putzen.)

Aber so lange können wir jetzt nicht mehr warten. Ich finde, wir sollten uns nun wirklich auf den Weg machen. — **Jakobus**

Geht ruhig voran! Ich komme später nach. — **Michael**

Samuel 

Aber trödle nicht zu lange herum!
Die im Stall wollen sicher nicht ewig warten.

Michael 

Macht euch keine Sorgen. Ich werde mich beeilen.
Womöglich hole ich euch sogar noch ein.

3. Akt

(Die Hirten marschieren über die Felder und treffen irgendwann auf eine Bettlerin, die bittend ihre Hand ausstreckt.)

Ich habe solchen Hunger. Habt Erbarmen! Bitte! Helft mir!

Matthias 

Es tut uns wirklich Leid, aber wir können dir nichts abgeben.
Wir sind nämlich gerade auf dem Weg nach Betlehem,
um dem Messias unsere Geschenke zu bringen.

(Die Bettlerin schlägt die Hände vor das Gesicht, und die Hirten gehen schnell weiter. Bald darauf treffen sie einen alten Mann, der zitternd in der Kälte steht.)

Mir ist so kalt. Bitte helft mir!
(Er wendet sich an den Hirten Samuel und zupft an dessen Lammfell.)
Bitte! Schenke mir doch dein warmes Fell,
damit ich nicht erfrieren muss.

Samuel 

Das geht nicht. Dieses Fell ist für jemand anderen bestimmt.

(Der alte Mann lässt den Kopf hängen und wendet sich traurig ab. Die Hirten gehen inzwischen weiter. Nach einiger Zeit kommen sie bei einem Kind vorbei, das weinend in der Dunkelheit steht.)

Hu, hu. Meine Lampe ist ausgegangen.
Ich fürchte mich so. Bitte lasst mich nicht allein!

Markus

Wir können nicht bei dir bleiben. Dazu haben wir jetzt keine Zeit. Schließlich müssen wir noch einen wichtigen Besuch machen.

(Das Kind weint lauter, doch die Hirten eilen einfach davon.)

4. Akt

(Der Hirte Michael poliert seine Lampe. Ein letztes Mal haucht er noch auf das Glas und wischt danach mit seinem Taschentuch darüber. Dann zündet er ein Kerzlein an, stellt es in die Laterne und hält diese prüfend nach oben. Dabei lächelt er zufrieden.)

Michael

So. Fertig. Nun glänzt sie wieder wie neu.
Jetzt muss ich mich aber beeilen.

(Michael marschiert mit seiner leuchtenden Laterne über das Feld und trifft schon bald auf die hungernde Bettlerin, die sogleich bittend ihre Hand nach ihm ausstreckt.)

Ich habe solchen Hunger. Hab Erbarmen mit mir!
Bitte, geh nicht einfach weiter!

(Michael bleibt sofort stehen. Er kramt in seiner Hirtentasche und holt ein Stück Brot heraus. Das hält er der Bettlerin hin.)

Michael

Hier habe ich noch ein Stück Brot. Wenn du es magst, kannst du es gerne haben.

(Die Bettlerin greift gierig danach und beißt sofort hinein.)

Hm. Wie gut das schmeckt. Ich habe schon so lange kein Brot mehr gegessen. Hab Dank dafür.

(Der Hirte geht weiter und begegnet dem frierenden Mann.)

Mir ist so kalt. Bitte hilf mir, damit ich nicht erfrieren muss!

(Michael zieht seinen Umhang aus und legt diesen über die Schultern des Bettlers.)

Michael 
Hier, nimm meinen Umhang.
Ich hoffe, er wärmt dich ein wenig.

Vergelt´s Gott! Jetzt fühle ich mich schon viel besser.

(Michael winkt noch einmal und geht weiter.
Als er bei dem weinenden Kind vorbeikommt, bleibt er stehen.)

Hu, hu.

Michael 
Was ist denn mit dir los? Warum weinst du denn?

Hu, hu, Meine Lampe ist ausgegangen, und nun ist es hier stockdunkel. Hu, hu. Ich fürchte mich so sehr. Hu, hu, hu.

Michael 
Aber jetzt brauchst du doch keine Angst mehr zu haben. Nun bin ja ich da und alles wird gut. Schau einmal, was ich dir mitgebracht habe!
(Michael hält dem Kind die brennende Laterne hin.)
Wenn du sie willst, kannst du sie haben. Ich schenke sie dir.

(Das Kind schnieft noch zwei Mal und greift danach freudig nach der Lampe.)

Danke.

 **Michael**

Gern geschehen. Weißt du eigentlich, dass heute eine ganz besondere Nacht ist? Stell dir vor! Nicht weit von hier in einem Stall ist der Messias auf die Welt gekommen. Möchtest du mich begleiten und ihn besuchen?

Oh ja! Ich komme gern mit.

(Der Hirte und das Kind gehen Hand in Hand davon.)

5. Akt

(Im Stall stehen Maria, die das Neugeborene im Arm hält, sowie Josef und ein Engel. Falls einige Kinder noch keine Rolle haben, können natürlich auch noch andere Engel bei dem Kind Wache halten, und der folgende Engeldialog kann auf mehrere Engel aufgeteilt werden. Alle Hirten haben sich vor der Heiligen Familie versammelt. Während der Hirte Markus auf seiner Flöte ein Lied vorspielt, überreichen auch die anderen Hirten ihr Geschenk. Zuletzt kommt Michael mit dem Kind dazu. Er bleibt jedoch ganz hinten stehen.)

 **Michael**

Sei willkommen, kleiner Jesus. Leider habe ich jetzt nichts mehr, das ich dir schenken könnte, aber ich möchte, dass du trotzdem weißt, dass ich mich sehr über deine Ankunft freue.

(Da tritt ein Engel vor, zeigt auf den Hirten Michael und sagt:)

Komm nach vorne, Hirte Michael, denn Gott hat Gefallen an dir gefunden! Du hast dem Christkind weit mehr gebracht als alle anderen zusammen. Als es hungrig war, hast du ihm etwas zu essen gegeben. Als ihm kalt war, hast du es gewärmt. Als es dunkel war, hast du ihm dein Licht geschenkt, und als es traurig war, hast du es getröstet. Denn alles, was du heute Nacht für die Not leidenden Menschen getan hast, das hast du auch für Gott getan.

Mir scheint, der kleine Jesus will ein wenig von dir gehalten werden.
(Maria legt das Kind in die Arme des Hirten.)
Ich bin mir sicher, dass er sich in deinen Armen geborgen fühlt.

(Der Hirte Michael lächelt glücklich und schaukelt das Kind sanft hin und her. Dazu kann der Hirte Markus noch ein Lied auf seiner Flöte spielen.)

6. Akt

Und so hatte der Hirte Michael die große Ehre, den kleinen Messias im Arm zu halten und in den Schlaf zu wiegen.

Schön. Aber glaubst du wirklich, dass das so gewesen ist, Oma?

Genau weiß ich das natürlich nicht. Schließlich war ich damals nicht dabei. Aber möglich wäre es doch, oder?

Ja, möglich wär's.

(Sandra hält ein wenig inne, nimmt ratlos ihren Wunschzettel zur Hand und fragt:)
Und was soll ich jetzt mit meinem Wunschzettel machen?

Oje! Den hätte ich jetzt fast vergessen. Ah. Hm. Am besten legst du ihn einfach auf das Fensterbrett und wartest einmal ab. Mal sehen, was das Christkind damit macht ...

Spiele für Kinder ab 10 Jahren

Der Weihnachts-Rap

Inhalt Einige Engel beobachten vom Himmel aus das Geschehen auf der Erde. Rappend dokumentieren sie alles, was sie sehen, und fragen sich, ob die Menschen denn ganz vergessen haben, was damals in Betlehem geschehen ist. Die Erdenbewohner sind alle im Stress, sitzen vor ihren Fernsehapparaten oder streiten. So kann es nun wirklich nicht weitergehen, denn schließlich ist Weihnachten! Also beschließen die rappenden Engel, etwas zu unternehmen. Sie nehmen sich vor, so lange zu jubilieren, bis wirklich alle Menschen wissen, dass heute Weihnachten ist, und sich auch dementsprechend benehmen. Doch bevor die Engel zur Tat schreiten können, beginnen die Menschen von sich aus ein Weihnachtslied zu singen ...

Dauer ca. 8 Minuten

Spieler 20 (die Rollenanzahl ist beliebig veränderbar)

4 rappende Engel (Rappael, Halluzifer, Swingelia, Rhythmicus)

8 Engel für den Engelchor

ein Solist aus dem Engelchor

6 Erdenbewohner, Maria und Josef mit dem Jesuskind

(Vier Engel sitzen auf einem hohen Kastenturngerät und schauen nach unten. Auf der „Erde“ geht es hektisch zu. Eine Frau bearbeitet am Tisch einen Teig und sticht Kekse aus. Andere gehen einkaufen, zeigen auf diverse Geschenkschachteln und nehmen diese gestapelt mit. Wieder andere holen sich einen Christbaum usw. Der erste Engel betrachtet das Treiben interessiert und beginnt dann zu rappen:)

Rappael

He Leute, was ist denn dort unten los?
Die stressen da herum und finden das famos.
Sie backen süße Kekse und kaufen ganz toll ein.
Dann schneiden sie Bäume um und nehmen die mit heim.

Halluzifer

Jetzt rück doch mal zur Seite! Ich möchte auch was seh'n.
Hab'n die denn ganz vergessen, was damals ist gescheh'n?
In jener Weihnachtsnacht, wa-wa-wa-Weihnachtsnacht.
Da hat doch die Maria ihr Kind zur Welt gebracht.
Es war in Betlehem und wirklich wunderschön.
Alle Engel waren da und sangen: „Halleluja.“

Rap-Halleluja

(Inzwischen haben sich einige Meter entfernt im Halbdunkel Maria mit dem Kind im Arm, Josef und ein Engelchor aufgestellt. Nun wird diese Gruppe beleuchtet. Die Engel beginnen das Lied „Halleluja" zu singen. Das Ganze wird einmal wiederholt. Alle wiegen sich im Takt und schnippen dazu mit den Fingern.)

(Ein Engel aus dem Chor rappt nun weiter:)

Das ist der Weihnachtsrap, wa-wa-wa-Weihnachtsrap.
Und alle schnippen mit. Kommt, seid so nett!

Das ist der Weihnachtsrap, wa-wa-wa-Weihnachtsrap.
Rape-di-pape-dabe-dube-di-dep.

(Danach bleibt die Gruppe im Halbdunkel zurück.)
(Inzwischen blättern die Leute „auf der Erde" in ihren Fernsehzeitungen. Ein jeder nimmt seine Fernbedienung in die Hand, setzt sich nieder und schaltet sich den Fernseher ein. Die Engel schauen eine Weile zu und beginnen dann wieder zu rappen.)

Swingelia

He, schaut doch! Ich pack's nicht. Kann das denn sein?
Jetzt schalten die da auch noch den Fernseher ein.
Sie starren in die Röhre, als ob das alles wär
und schauen den „Zerstörer" und noch viel mehr.

Rhythmicus

Jetzt rück doch mal zur Seite! Ich möcht' auch was seh'n.
Hab'n die denn ganz vergessen, was damals ist geschehn?
In jener Weihnachtsnacht, wa-wa-wa-Weihnachtsnacht.
Da hat doch die Maria ihr Kind zur Welt gebracht.
Es war in Betlehem und wirklich wunderschön.
Alle Engel waren da und sangen: „Halleluja."

(Nun wird wieder die Heilige Familie mit dem Engelchor beleuchtet, und die Engel singen wiederum ihr Halleluja. Danach rappt ein Engel aus dem Chor weiter:)

Das ist der Weihnachtsrap, wa-wa-wa-Weihnachtsrap.
Und alle schnippen mit. Kommt, seid so nett!

Das ist der Weihnachtsrap, wa-wa-wa-Weihnachtsrap.
Rape-di-pape-dabe-dube-di-dep.

(Wieder bleibt die Gruppe im Halbdunkel zurück.)
(Inzwischen sind alle Fernseher weggeräumt und die Leute „auf der Erde“ beginnen pantomimisch zu streiten. Die vier Engel blicken nach unten und beginnen dann alles mit ihrem Rap zu dokumentieren:)

Rappael

Aubacke! Sie streiten. Ich hab's geahnt.
Und das zu Heiligabend. Das ist doch hirnverbrannt.
Die andern sind die Bösen, und jeder ist im Recht.
Was soll denn das Getöse? Mir wird ganz schlecht.

Halluzifer

Jetzt rück doch mal zur Seite! Ich möchte auch was seh'n.
Haben die denn ganz vergessen, was damals ist geschehn?
In jener Weihnachtsnacht, wa-wa-wa-Weihnachtsnacht.
Da hat doch die Maria ihr Kind zur Welt gebracht.
Es war in Betlehem und wirklich wunderschön.
Alle Engel waren da und sangen: „Halleluja.“

(Nun wird wieder die Heilige Familie mit dem Engelchor beleuchtet und die Engel singen abermals ihr Halleluja. Danach wird weiter gerappt.)

Das ist der Weihnachtsrap, wa-wa-wa-Weihnachtsrap.
Und alle schnippen mit. Kommt, seid so nett!

Das ist der Weihnachtsrap, wa-wa-wa-Weihnachtsrap.
Rape-di-pape-dabe-dube-di-dep.

(Wieder bleibt die Gruppe im Halbdunkel zurück.)

Swingelia

He, Freunde! Ich sage euch: Wir müssen was tun.
Wir werden jubilieren und erst wieder ruhn,
wenn alle Leute wissen, dass jetzt Weihnachten ist;
das Fest von der Geburt unsres Herrn Jesus Christ.

(Inzwischen haben sich die Menschen „auf der Erde“ im Halbkreis versammelt und pantomimisch begonnen, ein Weihnachtslied zu singen.)

Rhythmicus

He, horcht mal! Die singen ja ein Weihnachtslied.
Die Alten und die Jungen, alle singen mit.
Denn es ist Weihnachtszeit, wa-wa-wa-Weihnachtszeit.
Und alle sind sie friedlich, nirgends gibt es Streit.
Das ist so wunderschön, fast wie in Betlehem.
Und wir Engel sitzen da und singen: „Halleluja“.

(Währenddessen haben sich der Engelchor sowie Josef und Maria mit dem Jesuskind in den Halbkreis der Singenden gestellt. Alle, auch die Engel „im Himmel“, singen, rappen, wiegen sich im Takt und schnippen dazu mit ihren Fingern.)

alle

Ha-ha-ha-hallelu-uja. Ha-hallelu-hallelu-uja:
Das war der Weihnachtsrap, wa-wa-wa-Weihnachtsrap.
Rape-di-pape-dabe-dube-di-dep.
Das war der Weihnachtsrap, wa-wa-wa-Weihnachtsrap.
Danke fürs Schnippen. Es war sehr nett.

Das Krippenspiel

Inhalt

Ein Krippenspiel soll aufgeführt werden. Doch die Mitspieler (innen) können sich einfach nicht einigen, wer welche Rolle besetzen soll. Schon bald ist ein heftiger Streit im Gange. Mitten in das Geschehen hinein platzen drei Personen aus einem fernen Land. Sie werden von den anderen beschimpft und ausgegrenzt. Kein Wunder, dass die drei darüber sehr traurig sind und beschließen, nach Betlehem auszuwandern. Dort hoffen sie, jemanden zu finden, der es besser mit ihnen meint.

Dauer ca. 10 Minuten

Spieler 10

Theaterdirektor(in) 

6 streitende Schauspieler(innen): Anna 

Daniel 

Fabian 

Lisa 

Martin 

Mirjam 

3 Personen aus einem fernen Land:
Hassan

Efraim

Putzfrau

In Kürze soll hier ein Krippenspiel aufgeführt werden. Doch vorher müssen noch alle Rollen besetzt werden. Gesucht werden ein Darsteller für den Josef, für die Maria, ein Schaf, ein Hirte, ein Ochse und ein Esel. Hinter der Bühne haben sich schon einige Freiwillige versammelt. Ich glaube, sie sind gerade dabei, die Rollen untereinander aufzuteilen.

(Der Vorhang geht auf. Anna geht zornig auf Daniel los.)

Du spinnst ja! Ich soll einen Esel spielen.
Das ist doch wirklich das Letzte.

Wieso denn? So oft, wie du in der Mathematikstunde etwas nicht weißt, bist du als Esel die Idealbesetzung.

Also, wenn es darum geht, dann musst du auf jeden Fall den Ochsen spielen. So, wie du die Claudia immer anschmachtest; noch größere Kuhaugen kann man gar nicht machen.

Ha. Das ist eine gute Idee. Du spielst den Ochsen, und wir setzen die Claudia einfach als Zuschauerin in die erste Reihe. Dann brauchst du gar keinen Text zu lernen, sondern nur ein wenig nach vorne zu glotzen.

Und die Rolle des Ochsen passt auch perfekt.
Die Claudia will nämlich eh nichts von dir wissen.

(Daniel geht mit erhobener Faust auf Lisa los).

Sei ruhig, sonst ...

(Die Putzfrau, die vorher neben den Kindern den Boden gewischt hat, versucht schlichtend in den Streit einzugreifen.)

Du aufhören! Du jetzt sofort aufhören, bitteschen!

Ach, sei du doch still! Und lern gefälligst richtig Deutsch,
bevor du das nächste Mal den Mund aufmachst!

(Die Putzfrau lässt den Kopf hängen und verlässt traurig die Bühne.)
(Efraim, der vorher ein wenig abseits gestanden ist,
gesellt sich zu den anderen Kindern.)

Bitte! Ich würde so gerne mitspielen.
Mir ist auch jede Rolle recht.

Was denn? Du? Wen könntest du schon spielen?
Den Hirten vielleicht? Mit deiner dunklen Haut?
Sicher nicht. Oder gar den Josef? Vergiss es!

Aber Fabian! Der Efraim könnte doch wenigstens
ein Schaf spielen.

Ach, Blödsinn. Die waren damals bestimmt auch alle weiß.
Wir brauchen keine schwarzen Schafe für unser Krippenspiel.
Was sollen sich denn sonst die Zuschauer denken?

(Efraim lässt den Kopf hängen und verlässt traurig die Bühne.)

Also, ich will auf jeden Fall die Maria spielen.

Nein, ich.

Nichts da. Ich werde sie spielen.

Na super. Dann haben wir jetzt also drei Marias.
Da wird sich der Josef aber freuen.

(Hassan, der bisher unbeteiligt neben den Streitenden gesessen ist,
lacht laut auf und sagt:)

Ha, ha. Jetzt hat er einen Harem. 

Was machst denn du da? Du hast uns gerade noch gefehlt. 

Und nur weil ihr in der Türkei alle einen Harem habt, heißt das noch lange nicht, dass wir auch einen brauchen. 

(Hassan steht entrüstet auf.)

Aber das stimmt doch gar nicht. Bei uns gibt es gar keinen Harem. 

Weißt du was? Es ist uns völlig egal, was es bei euch gibt und was nicht. Geh gefälligst woanders hin! Von mir aus auch gerne in die Türkei zurück. 

(Hassan läuft mit gesenktem Kopf von der Bühne.)

So. Und jetzt zurück zur Maria: Ich werde sie spielen. Schließlich heiße ich Mirjam. 

Als ob das ein Argument wäre. Das ist den Zuschauern sicher egal. 

Genau. Außerdem hast du kurze Haare und ich lange. Deshalb bin ich für die Rolle viel besser geeignet. 

Naja. Darüber lässt sich jetzt streiten. Die Maria war nämlich eine Fromme und eine Geduldige; eine Heilige eben. Und ob du da gerade die Richtige bist, wage ich zu bezweifeln. 

Woher willst du wissen, wie die Maria gewesen ist? Womöglich war sie genau so eine wie ich.

Haha. Ganz sicher nicht! Wäre sie nämlich eine solche Beißzange wie du gewesen, dann hätte sie der Josef sicher nie geheiratet.

Ach, halt doch die Klappe, du Hornochse!

Beißzange!

Hornochse!

Beißzange!

Hornochse!

Oh. Das war aber nicht für Ihre Ohren bestimmt.
(Er/sie lächelt verlegen und macht schnell den Vorhang zu.)
So, mein wertes Publikum. Ich bitte noch ein wenig um Ihre Geduld. Das Krippenspiel soll jeden Moment beginnen. Schließlich steht Weihnachten vor der Tür, und da gibt es bei uns immer ein Krippenspiel. Ich nütze die kleine Pause, um Ihnen allen ein glückliches, ein friedliches und ein besinnliches Weihnachtsfest zu wünschen. Und vergessen Sie nicht: Weihnachten findet auch heute noch statt. Wie und wo – das hängt von uns allen ab.

(Vorhang geht wieder auf. Die Putzfrau, Hassan und Efraim erscheinen in den Gewändern der Heiligen Drei Könige.)

Wo gehen hier nach Weihnachten?

Das heißt nicht: Wo gehen hier nach Weihnachten.
Du musst sagen: Wo geht's hier nach Betlehem?

Und was sollen wir in Betlehem?

Dort werden wir den Retter suchen. Einen, der alles verändert
und die Liebe in die Welt bringt.

Ja, den wollen wir suchen. Der meint es sicher besser mit uns.
Hoffentlich finden wir ihn bald.

Was ihr dem geringsten Menschen tut ...

Inhalt Wieder einmal ist Weihnachten. Ein Mann und eine schwangere Frau klopfen an die verschiedensten Türen, doch wie damals in Betlehem ist auch heute niemand bereit, sie zu beherbergen. Unzählige Flüchtlinge stehen auf der Straße. Es findet sich keine Gemeinde, die den Asylwerbern Übergangsquartiere zur Verfügung stellt. Da werden die Flüchtlinge einfach zugeteilt. Als der Bürgermeister dem Gemeinderat mitteilt, dass im Ort eine Unterbringung von 30 Asyl suchenden Afrikanern geplant ist, laufen alle dagegen Sturm. Vom Tourismusobmann bis zum Bauamtsleiter haben alle gewichtige Gründe, warum die Beherbergung der Flüchtlinge auf jeden Fall verhindert werden muss ...

Dauer ca. 10 Minuten

Spieler 22 (leicht auf eine kleinere oder größere Gruppe anwendbar)

12 Erzähler(innen)

  Maria und Josef

 Frau Müller

 Wirt

 Gemeindesekretärin

 Bürgermeister

Bauamtsleiter 

Frau Kümmerlich 

Tourismusobmann 

Bauernbundobmann 

1. Akt

Wieder einmal ist Weihnachten. **1. Erzähler(in)**

Wieder einmal freuen wir uns über die Geburt Christi und erinnern uns an die erfolglose Herbergsuche von Maria und Josef. **2. Erzähler(in)**

Wieder einmal sind Menschen unterwegs, die um Herberge bitten, weil sie keinen Ort zum Wohnen und keinen Platz zum Schlafen haben. **3. Erzähler(in)**

Wieder einmal können wir entscheiden, ob wir uns vor diesen Hilfesuchenden verschließen oder nicht. **4. Erzähler(in)**

(Ein Mann und eine schwangere Frau wandern heran und suchen eine Herberge.)

Schau, Maria! Dort vorne ist ein Licht. Hier werden wir es versuchen. 

(Josef läutet. Ein Summton erklingt, und über die Fernsprechanlage ist eine Stimme zu hören. Evtl. wurde diese vorher schon auf Tonband aufgenommen und kann nun vorgespielt werden.)

Ja, bitte?

(Maria beugt sich zur Fernsprechanlage und redet hinein.)

Grüß Gott! Wir suchen einen Platz zum Schlafen.
Draußen ist es so kalt. Bitte helfen Sie uns!

(Wieder rauscht es in der Fernsprechanlage und Frau Müller redet weiter:)

Ha! Einen Platz zum Schlafen ... Da könnte ja jeder kommen. Bin ich ein Gasthaus oder was? Nein, nein. Bei mir seid ihr ganz falsch.

(Noch einmal ist ein Rauschen zu hören. Dann ist Stille. Josef beugt sich zur Sprechanlage und versucht den Dialog fortzuführen:)

Bitte! So hören Sie doch!

(Doch es bleibt still in der Leitung. Also ziehen die zwei Herbergsuchenden mit hängendem Kopf weiter. Dabei wird die erste Strophe vom Lied „Was ihr dem geringsten Menschen tut" gesungen.)

Komm, Josef! Lass es uns bei einem Gasthaus probieren!
Wir haben zwar kein Geld, aber vielleicht erbarmt sich jemand, weil heute Weihnachten ist.

(Die beiden wandern weiter und kommen zu einem Hotel.)

Was ihr dem geringsten Menschen

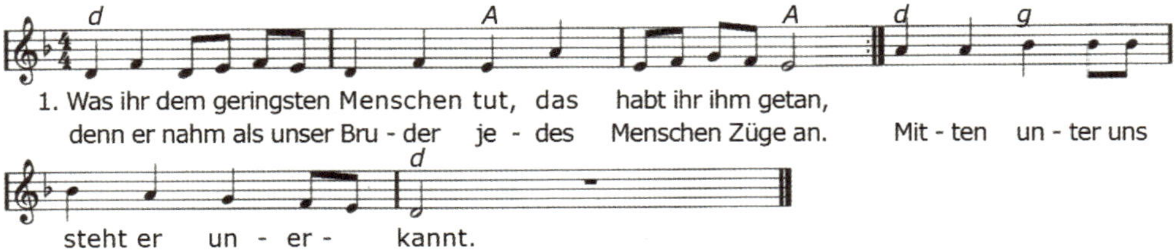

2. Bei den unheilbar Kranken ist er und im Altersheim,
im Asyl der Obdachlosen hungernd, hilflos und allein.

3. Man verhöhnt ihn in der Zeitung, und er wird diskriminiert;
er kann kein Verständnis finden, weil er stets verdächtigt wird.

4. Immer ist er unter denen, die gekreuzigt worden sind;
in unmenschlichen Systemen lebt er wehrlos wie ein Kind.

T: Herbert Schaal
M: Aus Island

(Josef klopft an die Tür. Der Wirt öffnet.)

Guten Tag! Willkommen in unserem Hotel
„Der Gast ist König“. Was kann ich für Sie tun?

Wir suchen einen Platz zum Schlafen.
Nur für diese eine Nacht. Bitte! Wäre das möglich?

Aber natürlich, gnädige Frau. Unsere Zimmer haben alle einen Fernseher mit Sat-Anschluss. Direkt darunter finden Sie eine Mini-Bar. Ihr erstes Getränk geht selbstverständlich auf Kosten des Hauses; schon allein deshalb, weil heute Weihnachten ist. Kommen Sie nur mit! Eine Übernachtung inklusive Frühstück kostet 70 Euro pro Person.

Äh ... Wir haben leider kein Geld. Aber wir brauchen so dringend einen Platz zum Ausruhen. Bitte lassen Sie uns ein! Ich würde den Schlafplatz auch abarbeiten. Ich könnte Ihnen das Geschirr spülen oder den Schnee wegräumen. Ich bin fleißig. Sie werden sehen. Mir ist keine Arbeit zu hart.

Weg von hier, Lumpenpack! Wer nicht zahlen kann, hat bei uns nichts zu suchen. Verschwindet! Sonst hole ich noch die Polizei.

(Der Wirt macht schnell die Tür zu. Die Herbergsuchenden ziehen traurig weiter und verlassen die Bühne. Dabei wird noch einmal die erste Strophe vom Lied „Was ihr dem geringsten Menschen tut" gesungen.)

2. Akt

5. Erzähler(in) Wieder einmal strömen tausende Menschen über unsere Grenzen. Die meisten von ihnen haben Schlimmes hinter sich; manche wurden sogar gefoltert.

6. Erzähler(in) Wieder einmal hoffen diese Flüchtlinge auf ein besseres Leben; dieses Mal bei uns. Sie stellen einen Asylantrag und sehnen sich danach, hier endlich zur Ruhe zu kommen.

7. Erzähler(in) Wieder einmal herrscht Unklarheit, wo diese Asylwerber bleiben können, und wieder einmal schaut es so aus, als ob sie niemand haben wollte.

8. Erzähler(in) Wieder einmal liegt es an uns, ob wir uns für diese Menschen einsetzen oder nicht.

(An einem Tisch sitzen die verschiedensten Personen und diskutieren eifrig. Über ihnen hängen Plakate, die auf die Flüchtlingsproblematik aufmerksam machen, z.B. „Flüchtlinge stehen auf der Straße und suchen dringend eine Unterkunft", „Asylanten erfrieren, wenn nicht bald etwas passiert", oder „Asylwerber sind Personen wie du und ich; bloß, dass sie zur falschen Zeit am falschen Ort geboren wurden", ...)

Wie viele Flüchtlinge wollen sie uns denn schicken? 

So um die 30; anscheinend sind es großteils Afrikaner. 

Was? So viele? 

Das geht doch nicht. Was sollen sich denn unsere Gäste denken, wenn hier plötzlich 30 heruntergekommene Ausländer alles verunstalten. Und dann auch noch lauter Schwarze. Das wirkt sich sicher nicht sehr förderlich auf den Tourismus aus. Nein, ich bin dagegen. 

Ich auch. Als Vertreter der bäuerlichen Bevölkerung muss ich aufs Entschiedenste mein Veto einlegen. Unser Ort soll so bleiben, wie er ist. Wir brauchen keine Afrikaner, die unser Dorf unsicher machen. Womöglich sind das alles nur Drogendealer. 

Das wollte ich auch gerade sagen. In den Zeitungen gibt es doch dauernd irgendwelche Berichte über dieses Gesindel. Ich warne euch: Wenn wir nicht aufpassen, ist unser Ort bald nur noch ein Drogenumschlagplatz. 

Und davor müssen wir unsere Jugend bewahren. Ich fordere deshalb, dass die Asylanten wieder dahin zurückkehren sollen, woher sie gekommen sind. Und wenn nicht, dann sollen sich gefälligst andere darum kümmern.

Gut. Dann sind wir uns also einig. Wir lehnen die Unterbringung von Flüchtlingen in unserem Ort ab. Wer ist dafür?

(Alle heben die Hand. Dazu wird das Lied „Was ihr dem geringsten Menschen tut" gesungen – alle beiden Strophen.)

3. Akt

9. Erzähler(in) Wieder einmal ist Weihnachten.

10. Erzähler(in) Wieder einmal halten wir inne.

11. Erzähler(in) Wieder einmal vergegenwärtigen wir uns, dass der Messias auf die Erde gekommen ist, um allen Licht zu bringen, die im Dunkeln stehen.

12. Erzähler(in) Und wieder einmal liegt es an uns, das Besondere dieses Festes für alle Menschen spürbar zu machen.

Kostüme und Bühnenbild

1) Tipps und Ideen für die Kostüme

Mäuse

Ein Haarreif wird mit grauem Filz beklebt. Die Ohren werden aus demselben Filz ausgeschnitten (und zwar jeweils bestehend aus einer Vorder- und einer Rückseite), mit Watte gefüllt, zusammengeklebt und auf dem Haarreifen befestigt. Zum Schluss werden auch noch rosa Innenohren aus Filz aufgeklebt. Der Schwanz besteht aus einem 1m x 5cm breiten Filzstreifen, der entweder zusammengenäht oder geklebt und auch mit Watte gefüllt wird. Dazu tragen die Kinder graue Kleidung und werden geschminkt. Die etwas anspruchsvollere Variante für das Gesicht wäre ein mit grauem Filz ummantelter runder Karton, der ein wenig bemalt und von Schnurrhaaren durchzogen wird. Befestigt wird das Ganze wie eine Clownnase mit Gummiband.

Katzen

Die Katzenkostüme werden genau gleich hergestellt; natürlich mit anderen Ohren und in anderen Farben. Treten mehrere Katzen auf, sollten verschiedene Farben verwendet werden. Für die Krallen werden Fingerhandschuhe mit weißen Moosgummistiften versehen. Die Katzenschwänze sind dicker und evtl. auch etwas kürzer als die Mäuseschwänze.

Hasen

Auch die Hasenkostüme werden ähnlich gefertigt wie oben. Für die Ohren sollte jedoch noch ein in Ohrenform geschnittener Karton eingelegt werden, damit sie schön nach oben abstehen. Je nach Art des Hasen sind die Farben weiß, schwarz oder braun vorherrschend. Die Hasenschwänzchen bestehen aus kleinen Fellbüscheln, die mit einer Sicherheitsnadel auf die Hose gesteckt werden.

Rehe Die Ohren werden wie bei den Katzen, die Schwänze wie bei den Hasen angefertigt. Dazu tragen die Kinder braune Kleidung und eine Rehmaske aus Tonpapier, Gips oder Pappmaschee.

Hennen Ein Eierkarton wird aufgeklappt. Mit einem Stanley-Messer werden nun die Gesichtskonturen herausgeschnitten. Dort, wo vorher ein Eierpaar lag, entstehen runde Kreise für die Augen, die auf der einen Seite in eine kleine Erhebung für die Stirn münden und auf der anderen Seite mit einer Pappspitze für den Schnabel abschließen. Nun wird der Schnabel mit gelb-orangem Filz beklebt; Nasenlöcher nicht vergessen! Die Augen werden mit Sehlöchern versehen und ansonsten schwarz bemalt. Auf die Stirn werden Federn geklebt. Zusätzlich können die Gesichtszüge auch noch mit einem dunklen Filzstift betont werden. Der Schnabel wird links und rechts durchbohrt und mit einem Gummiband durchzogen, damit die Maske am Kopf befestigt werden kann. Dazu tragen die Kinder weiße Kleidung, eine mit Federn verzierte Pudelmütze und Flügel bestehend aus einem Umhang, der mit Federn beklebt ist und jeweils mit einem Gummiband an den Handgelenken befestigt wird. Evtl. könnten die Kinder auch noch gelbe oder rote Gummistiefel anziehen, auf die mit Klebeband Krallenfüße aus Tonpapier geklebt werden.

Hahn Der Hahn erhält dasselbe Kostüm wie die Hennen, jedoch in einer anderen Farbe. Auf der Pudelmütze wird zusätzlich ein aus rotem Filz ausgeschnittener und mit Watte gefüllter Hahnenkamm mit zwei Sicherheitsnadeln befestigt. Zum Schluss wird auch noch ein Federschwanz aus buntem Tonpapier an die Hose geheftet.

Krähe Das Krähenkostüm wird ähnlich hergestellt wie das Hühnerkostüm. Allerdings sind Schnabel sowie Krallenfüße gelb und die

Kleidung wie auch die Flügel schwarz. Der Schnabel wird größer und spitzer, indem man die runde Kartonspitze vorne abschneidet und durch eine innen angeklebte Tonpapiertüte ersetzt.

Enten

Werden wie die Hühner hergestellt, jedoch in anderen Farben. Wichtig sind die breiten Schwimmflossen an den Füßen (evtl. haben einige Kinder sogar richtige Schwimmflossen zuhause, ansonsten werden sie aus Tonpapier ausgeschnitten und mit Klebeband auf die Gummistiefel geklebt). Der Schnabel ist länger und breiter als bei den Hühnern; deshalb wird die Pappnase mit orangem Tonpapier in Entenschnabelform überklebt.

Specht

Das Spechtkostüm wird gleich angefertigt wie das Krähenkostüm, jedoch in den Farben des Buntspechtes. Unbedingt eine Pudelmütze mit einem roten Federschopf aufsetzen. Der Schnabel des Spechtes ist noch spitzer. Deshalb wird die Tonpapiertüte von außen auf den Eierkarton geklebt.

Hunde

Schwanz: siehe Katzen und Mäuse. Evtl. wird er auch noch mit einem Draht versehen und nach oben gebogen, damit er wie ein Hundeschweif absteht. Auf eine schwarze, braune oder graue Pudelmütze werden große Schlappohren aus Filz genäht. Dazu werden selbst gebastelte Masken mit großer Hundeschnauze getragen (z.B. aus Gips oder Pappmaschee gefertigt; mit Filz beklebt oder selbst angemalt).

Schafe

Auf eine schwarze Pudelmütze werden weiße Schafsohren aus Filz oder Tonpapier geheftet. Dazu tragen die Kinder schwarze Kleidung, die rundherum mit kleinen Watteknäueln bestückt ist. Eine Alternative dazu wäre, dass sich die Kinder ein richtiges Schaffell über den Rücken legen und mit einem Band am Bauch zusammenbinden, damit sie es nicht verlieren. Für das Gesicht werden Schafsmasken aus Tonpapier, Pappmaschee oder Gips gefertigt. Eine gerollte „Wattewurst“ bildet den Schwanz und wird auf die Hose geheftet.

Lebkuchen Aus einer großen Schachtel werden zwei gleiche Rechtecke geschnitten. Diese bilden die Vorder- und Rückseite des Lebkuchens und werden entsprechend bemalt oder mit „Mandeln und Zuckerguss“ aus Tonpapier beklebt. Dann werden in Höhe des Schlüsselbeins links und rechts vom Hals Löcher in den Karton gebohrt (dasselbe passiert mit der Rückseite). Daran werden ca. 15 cm lange Bänder befestigt, sodass man das Lebkuchenkostüm einfach über die Schultern hängen kann. Unter den Armen und seitlich ganz unten werden ebenfalls Löcher gebohrt und Bänder befestigt, die dann zusammengebunden werden, damit die Lebkuchenteile nicht dauernd verrutschen. Kopf, Arme und Beine des Kindes können ruhig aus dem Lebkuchenkostüm herausragen.

Hirten Die Hirten können ganz unterschiedlich angezogen sein (z.B. Strickjacke, langer Mantel, Umhang, Schaffell, Bergschuhe). Alle Hirten haben Hüte auf und tragen Hirtenstöcke. Manche haben auch noch ein Schäfchen oder eine Laterne dabei. Einige Hirten sind Bartträger (der Bart wird aufgeklebt oder aufgemalt).

Engel Die Engel tragen ein weißes Kleid (z.B. Nachthemden oder helle Ministrantenkleidung, die evtl. von der Pfarrgemeinde ausgeliehen werden kann). Sie sind entweder barfuß oder haben Sandalen an. Die Engelsflügel werden aus Karton ausgeschnitten (und zwar nicht einzeln, sondern in der Mitte zusammenhängend). Dann werden sie mit goldener Farbe bemalt. (Beim Engel Fligelius werden zusätzlich noch Federn aufgeklebt, und der linke Flügel wird in der Mitte geknickt, sodass er zur Hälfte nach unten hängt.)

Bei jedem Flügel werden nun zur Mitte hin zwei Löcher gebohrt, damit man dort auf der Innenseite jeweils ein Gummiband befestigen kann. So können die Flügel nun wie eine Schultasche geschultert werden. Für den Heiligenschein wird aus Tonpapier ein goldener Ring ausgeschnitten und mit Draht ca. 4 cm von einem Haarreifen aufstehend befestigt. Die rappenden Engel sollten etwas cooler wirken und tragen deshalb z.B. weiße Schildkappen oder Sonnenbrillen.

Engelputte

Eine schmale Schachtel wird wie eine Marmorsäule bemalt und so zugeschnitten, dass sich ein Kind darin aufrecht verstecken kann, wobei die Kopfpartie sichtbar bleiben soll. Im Nacken des Kindes werden goldene Engelsflügel aus Tonpapier und über dem Kopf evtl. ein Heiligenschein befestigt.

Esel

Ein alter Stiefel wird mit Pappmaschee zu einem Eselskopf umfunktioniert und bemalt. Der Esel erhält auch noch eine Mähne aus Wollfäden. Den Körper des Esels bilden zwei aufrecht stehende Kinder, die sich unter einer grauen Wolldecke versteckt haben. Die Wolldecke wird am Eselshinterteil ein wenig eingeschlagen und zusammengeheftet. Daran wird dann ein Schwanz aus einer dicken, selbst gedrehten Wollschnur mit einer Langquaste am Ende befestigt. Auch vorne wird die Decke ein wenig eingeschlagen und so zusammengeheftet, dass oben eine Öffnung für den Kopf bleibt. Der Eselskopf wird auf einen Stock geklebt, den das vordere Kind durch das Loch hindurch nach oben hält. Damit er nicht verrutscht, wird die Decke mit einem Strick, der gleichzeitig das Halfter des Esels bildet, um den unteren Stiefelhals herum gebunden.

Ochse

Das Ochsenkostüm wird ähnlich gefertigt wie das des Esels, ist jedoch in braun gehalten, bleibt ohne Mähne und bekommt dafür schöne, große Hörner aus Pappmaschee.

Tannenbaum

Die Kleidung besteht aus einer braunen Hose und einem grünen Pullover. Zusätzlich trägt jedes Kind einen langen Tütenhut aus dunkelgrünem Tonpapier, in dessen Spitze ein kleines Tannenzweiglein gesteckt wird. Wichtig sind auch noch die Seitenäste in der Länge von ca. 50cm, die jedes Kind links und rechts in der Hand hält. Die Spitze des Tannenbaums Timmi ist verbogen und die Seitenäste sind eher kurz bzw. ungleich lang. Evtl. werden die Gesichter der Kinder auch noch grün geschminkt.

Schneeflocken

Die Kinder tragen weiße Kleidung (evtl. sogar Balletträckchen) und haben weiße Tücher in der Hand, die beim Tanzen in der Luft schwingen (sehr gut eignen sich z.B. Seidentücher, die noch nicht bemalt sind und später wieder anderweitig verwendet werden können.) Überm Kopf tragen die Kinder einen aus Tonpapier ausgeschnittenen Schneestern, der mit Draht einige Zentimeter über dem Haarreifen befestigt wird.

2) Anregungen für das Bühnenbild

Feuerstelle

Zwei eingeschaltete Taschenlampen werden auf den Boden gelegt, darüber wird rotoranges Seidenpapier oder ein Seidenschal gelegt. Zum Schluss wird noch das Feuerholz darüber gestapelt.

Krippe und Stall

Einige Strohballen werden nebeneinander gelegt und teilweise übereinander gestapelt. Zusätzlich wird auf dem Boden auch noch etwas Stroh verteilt. Die Krippe für das Jesuskind könnte z.B. ein alter Weidenkorb sein, der mit Stroh gefüllt wurde. Natürlich können Maria oder Josef das Kind auch im Arm halten. Dann bräuchte man evtl. gar keine Krippe.

Winterwald

Einige Bäume, die in Holzkreuzen befestigt wurden, werden grüppchenweise auf der Bühne verteilt. Evtl. wird darauf auch noch mit Watte Schnee angedeutet. Eine andere Variante wäre ein Leintuch, das aufgehängt wird. Darauf kann dann die Winterlandschaft gemalt oder aus Tonpapier ausgeschnitten und angeheftet werden.

Häuserfront

Auch diese kann auf ein Leintuch aufgemalt oder mit Tonpapier angeheftet werden. Hinter dem Leintuch können auf verschiedenen Stühlen entweder Kerzen oder eingeschaltete Taschenlampen liegen, welche die Häuser von hinten anstrahlen. Dann sieht es so aus, als ob in den Häusern das Licht brennen würde. Die Häuser können jedoch auch aus Karton ausgeschnitten und von den Kindern bemalt werden.

Sternenhimmel

Aus Tonpapier werden Sterne ausgeschnitten. Diese werden dann jeweils an zwei gegenüberliegenden Spitzen durchbohrt und an einer Nylonschnur befestigt (und zwar so, dass immer mehrere Sterne an einem Nylonfaden hängen). Die Sternenketten baumeln dann in verschiedenen Längen von der Decke. Eine andere Variante wäre ein dunkles Tuch, auf das Sterne gemalt oder geklebt werden.

Bärenhöhle

Diese wird aus einem großen Karton ausgeschnitten, sodass die Hinterseite gänzlich entfernt wird und die beiden Seitenteile ein wenig aufgeklappt werden können. Vorne gibt es eine Öffnung für den Höhleneingang. Der Kartonabschluss sollte nicht gerade bleiben, sondern wie ein großer Felsbrocken abgerundet werden. Zum Schluss wird die Höhle in verschiedenen Grautönen angemalt.

Haus zum Anklopfen und Türöffnen

Aus einer großen Kartonschachtel wird mit einem Stanley-Messer vorne eine Tür ausgeschnitten, sodass die Tür auf Seite der Türangeln nicht abgetrennt, sondern nur umgeknickt wird, damit die Tür auf und zugemacht werden kann. Nun werden die Tür und das restliche Haus bemalt. Ein Dach könnte ebenfalls angebracht werden. In den oberen Teil des Hauses wird ein Loch gebohrt, in welchem später ein Stock befestigt werden kann. Auf diesem Stock wird dann das Türschild aufgehängt. Dieses kann nach Belieben ausgetauscht werden.

Fernseher

Die Fernseher beim Weihnachtsrap bestehen aus Pappschachteln, die entsprechend bemalt wurden.

Schattentheater

Für das Schattentheater benötigt man ein großes weißes Tuch (z.B. ein Leintuch), das in einen Rahmen gespannt wird. Das Ganze wird dann in der Mitte der Bühne relativ weit vorne am Boden aufgestellt und gut verankert, damit es nicht gleich umfällt, wenn jemand dagegen stößt). Nun braucht man eine Lichtquelle, mit welcher das Tuch von hinten angestrahlt wird (z.B. ein Diaprojektor oder ein Overheadprojektor). Jetzt können die Schauspieler hinter das gerahmte Tuch treten und sich in Szene setzen. Dabei ist es wichtig, dass sie vom Tuch gänzlich verdeckt werden. Ihre Schatten sind dann für die Zuschauer sichtbar.

Tipp

Wenn man einen Overheadprojektor zur Verfügung hat, kann man auch mit Folien arbeiten (z.B. Himmel mit Stern), sodass der Hintergrund in Farbe erscheint.